パティスリー ジュンウジタの菓子

「考えないで、おいしい」って こういうこと

宇治田 潤

柴田書店

はじめに

「宇治田さんのお菓子って、考えないで食べておいしいよね」

　あるお客さまから、こう言われたことがあります。

　どういう意味だろう、と考えました。

　僕自身がそんな菓子に出合ったのは、パリでの修業時代、人にすすめられて買いに行き、近くの公園で食べたムラング・シャンティイでした。メレンゲにクレーム・シャンティイを絞っただけの、シンプルを超えてやや無骨な見た目。けれど口に入れた瞬間「なんだこれ、旨い！」と、感動を上回る衝撃を受けました。サクッと崩れる甘いメレンゲとともに、口の中に広がる乳の旨みとコク。クレーム・シャンティイはまるでバニラかキャラメルを加えたような味わい。あとから分析するとそんなふうに理由づけできましたが、このときは、ただおいしいという感想しかありませんでした。

　「考えないで食べておいしい」とはそういうことなのだと思います。これはなにが入っている？　なんの香り？　なにを表現している？　そんな詮索をせずに、食べた瞬間においしい、と素直に感じる菓子のことなのでしょう。食べ手にあれこれ考えさせることなく、シンプルにおいしさが伝わる菓子。それはパティシエとして僕がめざすものであり、そんな菓子こそが強く人の記憶に残り、長く愛されるのだと思っています。

　本書は、味づくりに関する僕の考え方をお伝えしたいと思い、構成しました。44品のプチガトーは、店のショーケースに並べるイメージで選んでいます。頭の中に浮かんだアイデアが、一朝一夕に菓子として完成することはありません。失敗したら再考し、納得のいくまで何度もつくりなおします。「シェフ、まだやっているんですか」とスタッフに呆れられることもありますが、その過程は、発見に満ちた楽しい作業です。

　この本をめくりながら、「宇治田って、こんなことを考えているんだ」と僕の頭の中を探っていただき、そこからみなさんの菓子づくりのヒントが見つかればうれしく思います。

宇治田 潤

目次

取材・執筆:宮脇灯子　撮影:天方晴子　デザイン:芝 晶子(文京図案室)　編集:黒木 純、大坪千夏(柴田書店)

つくりはじめる前に

＊ルセットは、「パティスリー ジュンウジタ」でつくられる単位を基本としています。本書用に調整したものは、細かい数字になっていることがあります。また、まとめてつくって保存するもの、少しずつつくるほうがふさわしいものなどは、必ずしもそのでき上がり量が菓子の個数に必要な量とは限りません。

＊材料は、とくに記載がない場合、すべて室温にもどします。

＊打ち粉は、とくに記載がない場合、強力粉を使います。

＊バターは、すべて発酵バター（食塩不使用）を使用します。

＊卵は、加工卵は使用せず、すべて活卵（殻を除いて1個約60g）を使用しています。そのため、卵を使用する際は、シノワで漉してカラザを取り除きます。

＊ダークチョコレート（カカオ分71%）とカカオマスは、すべて自家製を使用しています。

＊ラム酒は、とくに記載がない場合、「ネグリタラム44°」（バーディネー）を使用します。

＊ボーメ30度のシロップは、水100gに対してグラニュー糖135gを鍋に入れ、中火にかけてグラニュー糖を溶かしたものです。

＊ミキサーは、とくに記載がない場合、ホイッパーを装着して撹拌します（ビーターやフックを装着する際は、個別に記載します）。

＊ミキサーで撹拌する際は、適宜止めてゴムベラやカードなどでボウルの内側やアタッチメントに付いた生地・クリームをきれいにはらい落とします。

＊ミキサーの速度や撹拌時間は、あくまでも目安です。ミキサーの機種や生地・クリームの状態などに応じて適宜調整してください。

＊オーブンの温度や焼成時間は、あくまでも目安です。オーブンの機種や生地の状態などに応じて適宜調整してください。

＊室温の目安は約25℃です。

＊人肌程度の温度の目安は約35℃です。

＊使用素材のなかにはメーカー名や銘柄などを表記しているものもありますが、これは実際の風味を知る手がかりとして記したもので、好みのものを使っていただいて構いません。

＊本書は、㈱柴田書店刊行のMOOK「café-sweets」vol.199〜210（2020年4月〜22年2月）に掲載した連載「パティスリー ジュンウジタ『考えないで、おいしい』ってこういうこと」の記事をもとに、新規取材を大幅に加えて1冊にまとめたものです。

1

"生地のおいしさ"を主役に

ジェノワーズ が
おいしい
「ガトー・シェリー」

ジェノワーズ・オーディネールは、乾燥焼きにしてシロップでもどす

ほかの素材やパーツとの一体感を重視したジェノワーズは、同じ共立てでも水分たっぷりのしっとりとしたスポンジ生地とは異なり、目が詰まった状態に仕上がるように泡立て、しっかりと焼き込んでいるのが特徴。シロップを打ったときに初めてほどよい質感や味わいが表現されます。生地の食感や旨みを存分に味わえるよう、1枚の厚さは1.5cmに。

挟むのはクレーム・オ・ブールではなく、クレーム・シャンティイ

フランスではクレーム・オ・ブールやクレーム・ムースリーヌと組み合わせることが多いジェノワーズを、クレーム・シャンティイと合わせてショートケーキスタイルのアントルメに。たっぷり挟むシャンティイは組み立ててから4〜5時間後にシロップとともに生地になじみます。

フレッシュかつ濃厚なスリーズ・ドゥミ・コンフィで
華やかな味わいに

56%Brixと通常のフリュイ・コンフィよりも糖度を抑えたコンフィ。1回に足すグラニュー糖の分量を多くすることで、短時間の火入れで甘みが強く感じられます。また、チェリーのフレッシュ感を残すため、芯まで砂糖を浸透させないことが肝。火を入れることで引き出された果汁がシロップと混ざることで味が濃くなり、これが、火が入ってやわらかくなったチェリーに戻ることで凝縮した味わいになります。

ジェノワーズ・オーディネール

(直径15×高さ5.5cmの丸型を使用*1／2台分)

- ・全卵……180g
- ・グラニュー糖……108g
- ・薄力粉……108g
- ・バター*2……54g

*1 型の内側にバターを塗って強力粉をまぶし(ともに分量外)、底に紙を敷く
*2 溶かして35℃に調整する

1 ミキサーボウルに全卵とグラニュー糖を入れ、グラニュー糖が全体にいきわたるまで泡立て器ですり混ぜる。

POINT 気泡をたっぷりと含ませて焼き上げるスポンジ生地の場合は、ここで湯煎にかけて全卵の温度を人肌程度まで上げ、卵の表面張力を弱めて泡立ちやすくする必要がある。泡立ちを抑え、やや目の詰まった緻密な状態に仕上げるジェノワーズの場合は、その必要はない。気泡が入りすぎるとシロップを打ったときにしっかりしみ込まなかったり、崩れる原因になるため、室温のまま泡立てる。

2 ミキサーにセットし、ホイッパーを装着して中〜高速で泡立てる。

3 グラニュー糖が溶けてつやが出て、生地が空気を含んで白っぽくなり、ボリュームが出てホイッパーの筋がしっかり残るくらいの状態になったら、低速に落として1〜2分撹拌して生地のきめをととのえる。

POINT スポンジ生地の場合は、生地がたっぷりと空気を含み、白くもったりとしてホイッパーですくうとリボン状に流れ落ちるまで泡立てるが、ジェノワーズはそこまで気泡を含ませてふんわりとはさせないので、この状態で泡立てるのをやめる。

4 ミキサーボウルをはずし、薄力粉を加えながら手で混ぜる。粉けがなくなり、混ぜている手にやや手ごたえが感じられるようになってからもさらに少し混ぜる。ゴムベラを使ってもよいが、手で混ぜるほうが状態を確認しやすい。

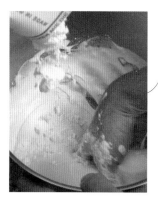

POINT 気泡をややつぶすイメージで混ぜる。生地は少しサラッとした状態に。

5 溶かしバターを加えながら手で同様に混ぜる。混ぜ終わりの生地は、ふんわりというよりはサラサラと流れて落ちながらも下に積もるような状態(写真)。ここがスポンジ生地との違い。

POINT バターは35℃が適温。これ以上温度が高いと泡をつぶしてしまい、低いと混ざりにくくなって底に沈んでしまう。

6 用意した丸型に220gずつ流し入れる。

POINT 型の側面に紙を貼らないのは、型の熱を直接伝えて生地の外側をしっかり焼くため。そうすると、中はふんわり、外側はさっくりとした生地になって食感にコントラストが生まれる。

7 少し経つと気泡が表面に上がってくるので、型を作業台に軽く打ちつけて粗い気泡を抜く。

8 190℃に予熱したデッキオーブンに入れ、すぐに温度を170℃に落とし、ダンパーを開けて45分焼成する。オーブンから取り出し、逆さまにして型をはずし、焼き面を上にして網の上で冷ます。

スリーズ・ドゥミ・コンフィ（5台分）

- サワーチェリー（冷凍・長野県小布施町産）……1000g
- 水……500g
- グラニュー糖A……250g
- グラニュー糖B……250g
- グラニュー糖C……250g
- グラニュー糖D……250g

1 サワーチェリーは解凍し、種取り器で種を取る。

2 解凍したときに出た果汁とともに鍋に入れ、水、グラニュー糖Aを加えて中火にかける。沸騰後、弱火で5分程度煮立てて火を止める。冷めたらラップをかけて表面に密着させ、冷蔵庫に1晩置く。

3 2をシノワで漉し、シロップだけを鍋に戻してグラニュー糖Bを加え、中火にかける。沸騰したら火を止め、サワーチェリーを加えて冷ます。ラップをかけて表面に密着させ、冷蔵庫に1晩置く。

4 3の作業をグラニュー糖C、グラニュー糖Dを加えながらあと2回（2日）行う。

シロップ（2台分）

- シェリー酒（オズボーン「フィノ キンタ」）……100g
- スリーズ・ドゥミ・コンフィのシロップ……70g
- 水……25g
- レモン果汁……5g

1 材料をすべて混ぜ合わせる。

POINT コンフィの煮汁にシェリー酒を加えたシロップ。キルシュを使うとコテコテのフランス菓子になるので、香り豊かな辛口のシェリー酒をセレクト。

クレーム・シャンティイ（2台分）

- 生クリーム（タカナシ乳業「特選北海道根釧フレッシュクリーム47」／乳脂肪分47%）……600g
- グラニュー糖……60g

1 生クリームを、ミキサーで中速で撹拌し、ボリュームが出てとろんとした状態の6分立てにする。

2 1を2つのボウルに3対2の比率で分けて入れ、サンド用と仕上げ用とする。量が少ない仕上げ用は使用直前まで冷蔵庫に入れておく。量が多いサンド用は、泡立て器ですくうと角の先がやわらかくゆっくりと倒れる状態（8分立て）まで泡立てる（写真）。

"生地のおいしさ"を主役に

1

組立て・仕上げ

1 ジェノワーズの底の紙をはがし、波刃包丁で厚さ1.5cmに2枚スライスする。焼き面は使わない。

2 スリーズ・ドゥミ・コンフィの汁けをきり、形のきれいなものを飾り用として、1台につき12個取り分ける。

3 回転台の上にスライスしたジェノワーズを1枚のせ、シロップを刷毛で45g打つ。

POINT 縁部分は火のあたりが強く生地が固くなっているので、シロップをしっかり打つ。

4 サンド用のクレーム・シャンティイ60gをのせ、パレットナイフで薄く塗り広げる。スリーズ・ドゥミ・コンフィを1台につき約20個、縁から2周並べる。

POINT カットしやすいように、中央はスペースをあけておく。

5 サンド用のクレーム・シャンティイ60gをのせ、パレットナイフでスリーズ・ドゥミ・コンフィが隠れるように平らにならし、クリームの厚みが1.5cmになるようにととのえる。

6 スライスしたジェノワーズのもう1枚をかぶせ、手のひらで軽く押して密着させる。

7 シロップを刷毛で45g打つ。残りのサンド用のクレーム・シャンティイをのせ、パレットナイフで平らにならし、上面と側面に下地として薄く塗る。

8 仕上げ用のクレーム・シャンティイを冷蔵庫から出し、泡立て器で8分立てにする。

9 *8*の一部を飾り用に残し、残りを上面にのせてパレットナイフでざっとならす。側面に落ちたクリームで、側面も回転台を回しながら均一な厚さに塗る。

10 側面と上面に波形の三角コームをあて、回転台を回しながら模様をつける。

11 飾り用のクレーム・シャンティイを6切・口径10mmの星口金を付けた絞り袋に入れ、上面の縁に沿って5箇所、流線形に絞る。

12 絞ったクレーム・シャンティイの内側に飾り用のスリーズ・ドゥミ・コンフィを1周並べて完成。

POINT スリーズ・ドゥミ・コンフィは、流れるシロップのピンク色も模様になるので、汁けはあえて拭かずにそのまま飾る。少し形を崩してランダムに並べることで、見た目に味わいが出る。

ビスキュイ・ダマンド が

おいしい

「ガトー・ダマンド」

2種類のパート・ダマンド・クリュで味と食感に深みを出す

ビスキュイ・ダマンドは、ムースの底生地として使用するなどサブのパーツというイメージがあります。それを食べごたえのある"主役の生地"にしたいと思い、考案した菓子です。こだわったのは、むっちり、もっちりとした食感。そのために、パート・ダマンド・クリュを配合しています。口あたりのなめらかな市販品とアーモンドの粒を残して仕上げた自家製を併用し、独自の食感とフレッシュ感を楽しめるようにしました。

生地は厚く。たっぷりのラム酒でキレよく、香り高く

もっちりとした食感が感じられるよう、こだわったのはビスキュイの厚み。カードルで4cm強の厚さに焼き上げてから厚さ2cmにスライスしています。生地にはネグリタラムをたっぷりと配合。ドライな味わいが全体を引き締め、アーモンドの風味を引き立てます。

クレーム・オ・ブールとクラックランで華やかに

生地だけ食べてもおいしいのですが、プチガトーらしく仕上げたかったので、2枚のビスキュイの間と上面にクレーム・オ・ブールを塗りました。クリームの味が強く出すぎないよう、厚さは5mmにとどめています。さらに、クラックランをのせ、食感のアクセントでアーモンドの味わいを増幅させています。シンプルな構成ですが、生地に主張があるため、これだけでも充分にプチガトーとしての華やかさを演出できます。

自家製パート・ダマンド・クリュ

（つくりやすい分量）

・皮付きアーモンド（スペイン産マルコナ種、生）*……500g
・グラニュー糖……500g
・卵白……100g

＊ ゆでて皮をむき、カビ防止のため、稼働中のオーブンにさっと入れ（温度は
とくにこだわらない。そのとき火が入っているオーブンに入れる）、乾かしてから使う

1 ロボクープに皮をむいて乾かしたアーモンドとグラニュー糖を入れ、粉砕する。

POINT まだ粒が少し残っている状態で止める。

2 卵白を加えて均一に混ざるまでさらに撹拌する。ラップに包み、冷蔵庫で保存する。

ビスキュイ・ダマンド

（38×29.5×高さ5cmのカードル1台使用／40個分）

・卵黄……173g
・自家製パート・ダマンド・クリュ……541g
・パート・ダマンド・クリュ（市販品）……541g
・全卵……260g
・卵白……195g
・グラニュー糖……43g
・コーンスターチ*1……153g
・バター*2……326g
・ラム酒……119g

＊1 ふるう
＊2 溶かして50℃に調整する

1 ミキサーボウルに卵黄の半量と2種類のパート・ダマンド・クリュを入れ、ビーターを装着して低速で撹拌する。

2 混ざったら残りの卵黄を少しずつ加えて混ぜる。

POINT 先に卵黄を加えたほうが混ざりやすい。

3 卵黄がすべて入って全体が均一な状態になったら、全卵を少しずつ加えながらさらに撹拌する。

4 卵が混ざりきったら、ボウルの内側に付いた生地をゴムベラできれいにはらう。中高速に切り替え、ボリュームが出て、全体が白っぽく、もったりとした状態になるまで撹拌する。

POINT すくうと、とろとろと流れて、跡が積もる状態。

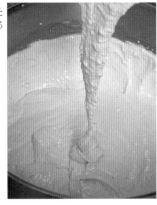

5 別のミキサーボウルに卵白とグラニュー糖の半量を入れ、ホイッパーを装着し、中〜高速で泡立てはじめる。空気を含んで白っぽくふわふわした状態になってきたら、残りのグラニュー糖を加える。全体につやが出て、ホイッパーですくうと角が立ち、少し垂れるくらいの状態になるまで泡立てる。

POINT 角がピンと立つまで泡立てると生地が軽い食感になる。今回はむっちりとした食感に仕上げたいので、その一歩手前くらいに。

6 5の3分の1量を4に加え、カードでざっと混ぜる。

7 まだメレンゲの泡が見えている状態でふるったコーンスターチを加え、ボウルの底からすくい上げるようにしながら混ぜる。

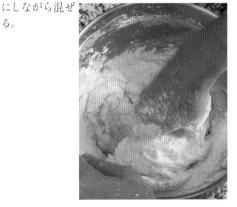

8 粉が見えなくなったら、溶かしたバターを加え混ぜる。

9 ラム酒を加え、しっかりと混ぜる。

10 残りのメレンゲを加え、気泡をつぶさないように、底からすくい上げるようにしながら混ぜる。全体が均一な状態になり、しっかり生地がつながってつやが出るまで混ぜる。

11 60×40cmの天板にオーブンシートを敷き、38×29.5×高さ5cmのカードルを置いて、生地を流す。

12 下にもう1枚天板を重ね（焦げやすいので、下火のあたりを弱くするため）、190℃に予熱をしたデッキオーブンに入れる。すぐに170℃に下げてダンパーを開け、50分焼成する。

13 粗熱がとれたらカードルをはずして冷ます。高さ2cmのバールをあて、包丁で2枚にスライスする。焼き面は使わない。

クレーム・オ・ブール

（つくりやすい分量）

・クレーム・アングレーズ
 ・卵黄……136g
 ・グラニュー糖……163g
 ・牛乳……266g
 ・バニラペースト……3g
・イタリアンメレンゲ
 ・グラニュー糖……273g
 ・水……91g
 ・卵白……136g
・バター*……900g

 * 室温に置き、指で押すとへこむ程度にやわらかくする

1 クレーム・アングレーズをつくる。ボウルに卵黄とグラニュー糖を入れ、泡立て器ですり混ぜる。混ざればよい。

2 鍋に牛乳とバニラペーストを入れ、強火にかける。沸騰直前に火を止め、泡立て器で混ぜながら、1をとびちらないようにゆっくりと流し入れる。

3 泡立て器で混ぜながら、中火で82〜83℃になるまで煮詰めてとろみをつける。底が焦げないように注意すること。

- - - - - - - - - - - - -

POINT 表面にボリュームが出て、とろっとしてきたら適温の目安。アングレーズがしっかり炊けて濃度がついていないと、完成したクレーム・オ・ブールの凝固力が弱くなる。

4 火からおろし、シノワで漉しながらボウルに移す。ボウルの底を氷水にあて、混ぜながら39℃まで冷やす。

5 同時進行でイタリアンメレンゲをつくる。鍋にグラニュー糖と水を入れて強火にかけ、118〜120℃になるまで煮詰める。

6 5が沸騰しはじめたらミキサーボウルに卵白を入れ、中高速で泡立てはじめる。ボリュームが出て白っぽくふんわりしてきたら低速にし、5をミキサーボウルの内側側面に沿わせるようにして少しずつそそぐ。

7 高速に切り替えて泡立てる。つやが出て、ホイッパーですくうと角がピンと立ったら中速に落とし、29℃になるまで撹拌する。

- - - - - - - - - - - - -

POINT メレンゲはつやがあり、しっかりと固い状態に泡立てる。メレンゲがもろいと、クレーム・オ・ブールがダレて口溶けが悪くなり、つやもなくなる。また、糖度の低いメレンゲだと、アングレーズやバターと合わせるときに気泡がつぶれやすくなり、クレーム・オ・ブールがゆるくなって同じことが起こる。卵白と砂糖の比率は1対2の基本配合を守る。

8 ボウルにやわらかくしたバターを入れ、泡立て器で混ぜてポマード状にする。このときの温度は25℃。ほかのクリームなどと混ざりやすい温度。

9 8にクレーム・アングレーズを少しずつそそぎながら泡立て器で混ぜ、なめらかな状態にする。

POINT クレーム・アングレーズの温度が低いと、バターが固まって乳化しない。逆に温度が高いと、バターが溶けて仕上がりがゆるくなる。

10 イタリアンメレンゲを3〜4回に分けて加える。気泡をつぶさないよう、加えるたびに泡立て器で底からすくい上げるようにしながらしっかりと混ぜる。

POINT バター25℃、クレーム・アングレーズ39℃、イタリアンメレンゲ29℃(夏の場合。ボウルなどの器具の温度が冷えている冬は温度が下がりやすいので、状況を見てやや高めに調整する)で合わせる。合わせるときの温度帯と固さがそろっていることが、なめらかで軽やかな口あたりに仕上げるためには重要。でき上がったクレーム・オ・ブールは冷蔵庫に保管する。

クラックラン (40個分)

・水……81g
・グラニュー糖……249g
・アーモンドダイス……600g
・塩……1g
・バター……18g

1 銅鍋に水とグラニュー糖を入れて強火にかけ、118〜120℃まで煮詰める。

2 弱火にし、アーモンドダイスと塩を加え、木ベラで絶えず混ぜる。くっついていたアーモンドがバラバラになり、表面に白く膜が張ったようになって結晶化し、サラサラとした状態になったら中火にする。

3 底から全体を返すようにして混ぜ続ける。全体に色づいてこうばしい香りが立ち、結晶化したグラニュー糖が溶けてくると手が重くなる。煙が出てくると焦げやすいので手ばやく混ぜる。

4 全体につやが出てアメがかかったようになり、茶色く色づいたら火を止める。そのまま混ぜ続け、全体の温度が均一になるようにする。

POINT じっくり火を通すことで、アーモンドの水分をゆっくりとばす。中に水分を残さないようにするにはこの方法がベスト。水分が残っているとカリッとした歯ざわりにならない。

5 バターを加えてよく混ぜる。そのまま軽く混ぜながら、粗熱をとる。

6 オーブンシートを敷いたプラックに広げ、冷ます。

組立て・仕上げ (40個分)

・クレーム・オ・ブール……600g
・粉糖……適量

1 室温にもどしたクレーム・オ・ブールをミキサーボウルに入れ、ビーターで混ぜてやわらかい状態にする。

2 板の上にスライスしたビスキュイ・ダマンド(焼成時に底になっていたほう)を置き、クレーム・オ・ブールの半量(300g)をのせ、L字パレットナイフで均一な厚さに広げて平らにならす。

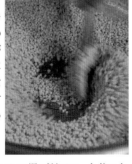

3 スライスしたもう1枚のビスキュイ・ダマンドをのせ、手で軽く押さえて接着する。

4 残りのクレーム・オ・ブールをのせ、2と同様に広げる。冷蔵庫で冷やしてクリームを固める。

5 板の上に4を横長に置き、両端をバーナーで温めた包丁で薄く切り落としてから、7.2cm幅に5本切り分ける。

6 5を横長に置いて両端を包丁で薄く切り落とし、3.3cm幅に8個カットする。

7 ボウルにクラックランを入れ、6の上面を押し付け、クラックランを接着する。

8 粉糖を茶漉しでふる。

〝生地のおいしさ〟を主役に

パン・ド・ジェンヌ が

おいしい

「ピスターシュ・グリオット」

ピスタチオの粒を残し、生地にコクと食感をプラス

ピスターシュ・グリオットに使用しているパン・ド・ジェンヌ・ピスターシュは、もともと生菓子に使うパーツの一つでした。あるとき、たまたま余った生地の端っこを食べたらおいしくて、この生地を主役にしたプチガトーをと考えた1品です。生地には、市販のピスタチオパウダーと、生のピスタチオを細かく刻んだものを配合。粒を噛むと同時に口の中にピスタチオのコクが広がり、味わいに立体感が加わります。

クレーム・オ・ブールの乳味で生地の旨みを引き出す

濃厚なクレーム・オ・ブールを合わせると、バターの乳味が生地だけで食べたときとは異なる複雑な味わいをつくり出します。クリームに配合するピスタチオペーストは、生タイプとローストタイプの2種類を使用。前者のみだと生っぽさが前面に出すぎてしまい、後者のみだとこうばしさが勝ってしまうので、同割にして中間の味わいをねらいました。

上がけのジュレ・グリオットは厚さ2mmにして存在感を出す

ジュレ・グリオットは見た目と味わいを華やかにするだけでなく、食感としても重要な役割をもちます。上にかけるときは厚さ2mm程度にするのが目安。そうすると、ゼリーのような舌ざわりが得られ、しっかりと味がのる。もっちりとした弾力のある生地、コクのあるクリームに負けないパーツとしての存在感が出ます。

パン・ド・ジェンヌ・ピスターシュ

(38×29.5×高さ5cmのカードル4台使用／55個分)

- ・全卵*1……648g
- A・ピスタチオパウダー (市販品)……224g
- ・ピスタチオ (生、ホールを細かく刻んだもの)……224g
- ・アーモンドパウダー……224g
- ・粉糖……620g
- B・薄力粉……176g
- ・ベーキングパウダー……8.8g
- ・コーンスターチ……56g
- ・バター*2……268g

*1 溶きほぐす
A 合わせてふるう
B 合わせてふるう
*2 溶かして35℃に調整する

1 ミキサーボウルに全卵を入れ、ホイッパーを装着して低速で撹拌する。

2 白っぽくとろとろとした状態になったらミキサーからはずし、ふるったAとBを合わせて加える。手かカードを使って底からすくい上げるようにしながら混ぜる。

3 全体が均一な状態になったら、溶かしたバターを加え、同様に混ぜる。

POINT バターは35℃が適温。これより温度が低いときれいに混ざらず、仕上がりがつやのない状態に。

4 全体が均一な状態になってつやが出るまで混ぜる。写真は混ぜ終わりの状態。

5 60×40cmの天板4枚にオーブンシートを敷き、38×29.5×高さ5cmのカードルをそれぞれに置く。生地を4等分して流し、L字パレットナイフで平らに広げる。

6 それぞれ天板の下にもう1枚天板を重ね、ダンパーを開けた230℃のデッキオーブンで13分焼成する。オーブンから取り出し、室温に置いて冷ます。

クレーム・オ・ブール・ピスターシュ (55個分)

- ・クレーム・オ・ブール*1……1200g
- ・ピスタチオペースト (シチリア・ブロンテ産、ロースト)*2……50g
- ・ピスタチオペースト (イラン産、生タイプ)*2……50g

*1 材料とつくり方はP016「ガトー・ダマンド」参照
*2 合わせる

1 室温にもどしたクレーム・オ・ブールと、合わせた2種類のピスタチオペーストをミキサーボウルに入れ、ビーターを装着し、中速で均一な状態になるまで撹拌する。

シロップ (55個分)

- ・キルシュ……150g
- ・シロップ (ボーメ30度)……75g
- ・水……75g

1 材料をすべて混ぜ合わせる。

組立て1

1 パン・ド・ジェンヌ・ピスターシュ1枚のオーブンシートをはがし、焼き面を上にして板の上に置く。

2 刷毛でシロップの4分の1量 (75g)を打つ。

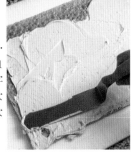

3 クレーム・オ・ブール・ピスターシュの3分の1量（約430g）をのせ、L字パレットナイフで均一な厚さに広げて平らにならす。

4 2枚目のパン・ド・ジェンヌ・ピスターシュを、焼き面を下にしてのせ、オーブンシートをはがし、手で軽く押さえて接着する。

5 2と同様にシロップを打ち、残りのクレーム・オ・ブール・ピスターシュの半量（約430g）をのせ、3と同様に広げる。

6 同様に3枚目の生地をのせ、シロップを打ち、クリームを広げる。同様に4枚目の生地をのせ、シロップを打つ。オーブンシートをかぶせてプラックをのせ、生地とクリームがしっかりと平らに接着するように上から押さえる。上下を返して冷蔵庫で3時間冷やす。

POINT このあとジュレをかけるので、表面を平らにする必要がある。

ジュレ・グリオット（55個分）

・ グリオットチェリーのピュレ……800g
・ 水……200g
・ レモン果汁……20g
・ グラニュー糖……400g
・ LMペクチン*……15g
　＊ グラニュー糖の一部と混ぜ合わせる

1 鍋にペクチン以外の材料を入れ、泡立て器で混ぜながら弱火にかける。グラニュー糖が溶けたら、グラニュー糖の一部と混ぜ合わせたペクチンを加え、ダマにならないように絶えず混ぜる。沸騰したら火を止め、ボウルに移す。

2 ボウルの底を氷水にあてながらゴムベラで混ぜ、50℃まで冷やす。

POINT 写真のように少しとろんとした状態が目安。

組立て2

1 組立て1-6を板の上に横長に置き、プラックをはずし、オーブンシートをはがす。両端を包丁で薄く切り落としてから、7.25cm幅に5本切り分ける。

2 プラックの上に金網を置き、1のうち1本をのせる。ジュレ・グリオットの5分の1量を上からかけ、パレットナイフで上面に広げ、側面に落ちた余分なジュレを塗りのばす。室温に10分置いて乾かす。表面をさわってもなにも付いてこないのが目安。

POINT 上面は厚さ2mmくらいになるように塗る。側面はすけて生地が見えるくらいに。

グラス・ア・ロー（55個分）

・ 粉糖……250g
・ レモン果汁……25g
・ 水……25g

1 ボウルに材料を入れ、ゴムベラでよく混ぜる。ダマがなくなりなめらかになったら鍋に移して中火にかける。サラサラと流れ、透き通った状態になったら火からおろす。温度の目安は65℃。

POINT 火を入れてからかけることで、結晶化しやすくなる。つやとシャリシャリとした食感が加わる。

仕上げ（55個分）

・ ピスタチオ（半割）……55個
・ スリーズ・ドゥミ・コンフィ*……55個
　＊ 材料とつくり方はP.011「ガトー・シェリー」参照

1 組立て2-2の上に、グラス・ア・ローの5分の1量をかけ、L字パレットナイフで上面と側面に塗り広げる。

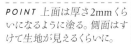

2 横長に置いて両端を包丁で薄く切り落とし、2.5cm幅に11個カットする。

3 スリーズ・ドゥミ・コンフィとピスタチオを飾る。

ブリオッシュ が
おいしい
「タルト・サントロペ」

シロップがよくしみ込むよう、ブリオッシュは焼いたあと1日おく

タルト・サントロペは南仏の町サン・トロペで生まれた菓子ですが、ここで紹介するのはスウェーデンの伝統菓子「セムラ」のエスプリを取り入れたオリジナル。どちらもブリオッシュをアレンジしたものです。ブリオッシュは焼いてから1日おいたものを使用。シロップがよくしみ込んで、クリームとのなじみがよくなり、一体感が出ます。ヴィエノワズリーとしてそのまま食べるときとは異なるブリオッシュのおいしさが表現できます。

シロップと自家製パート・ダマンド・クリュでコクをプラス

ここで紹介するパータ・ブリオッシュの特徴は、粉の一部に全粒粉を配合していること。これによって小麦の香りが引き立ち、ざっくりとした存在感のある食感が生まれます。このブリオッシュをみずみずしいラム酒とオレンジのシロップに浸し、セムラに使われていることからヒントを得たパート・ダマンド・クリュをサンドすることで、新味を出しました。

リッチなクリームと甘ずっぱいフランボワーズで味に変化を

サンドするクリームは、リッチかつ、冷蔵庫から出したてでも口あたりがなめらかなクレーム・ムースリーヌを採用しました。間にフランボワーズ・ペパンを絞って味わいにメリハリをつけています。生地にふったパールシュガーは、味と食感のアクセントです。

パータ・ブリオッシュ

(直径7.5×高さ1.8cmのセルクルを使用／35個分)

- 強力粉*1……250g
- 薄力粉*1……125g
- 全粒粉*1……62.5g
- 水*2……20g
- インスタントドライイースト(サフ／金)*2……6.5g
- グラニュー糖……35g
- 塩……8g
- 全卵……360g
- バター*3……200g
- 型用バター*3……適量
- 塗り卵*4……適量
- パールシュガー……適量

*1 それぞれふるって合わせる。全粒粉は、ふるいに残ったふすまを取り分けておく。ふすまも使う
*2 水を30℃に温め、インスタントドライイースト全量と、上記分量から取り出したひとつまみのグラニュー糖を加え混ぜたのち、5分おいて予備発酵させる
*3 室温に置き、ポマード状にする
*4 全卵と水を3対1で混ぜ合わせたもの

1 ミキサーボウルに強力粉、薄力粉、全粒粉、予備発酵させたインスタントドライイーストと水、残りのグラニュー糖、塩、全卵を入れ、ビーターを装着して、低速で撹拌する。粉類がとびちらなくなったら中速にし、さらに5分撹拌する。

2 中高速に切り替え、バターを2回に分けて加え混ぜる。

POINT バターを加える前にしっかり撹拌してグルテンを形成しておく。加えるタイミングがはやいとグルテンの形成がさまたげられ、コシのない生地になる。ただ、粉に対して水分量が少ない配合なので、撹拌中に摩擦熱で生地温度が上昇しやすい。そうなるとバターが溶けて生地の膨らみが悪くなるため、生地に弾力が出て、ミキサーボウルの内側側面から全部はがれきる少し手前の状態で加える。

3 バターが混ざったら低速に落とし、取り分けておいた全粒粉のふすまを加える。

POINT ふすまも加えることで全粒粉の香りがより引き出され、食感も加わる。

4 中高速に切り替え、さらに5分撹拌。生地がボウルの内側側面からはがれ、ひとまとまりになったらミキサーを止める。粉の分量に対してバターが多いリッチな配合のため、生地はやわらかい。

5 ボウルに移し、カードで軽く生地を転がしながら表面が張るように丸める(写真)。ラップをして冷蔵庫に入れ、12時間低温でゆっくり一次発酵させる。一次発酵後は1.5倍に膨らむ。

6 直径7.5×高さ1.8cmのセルクルの内側に型用バターを塗る。生地がはがれやすくなるうえ、風味もプラスされる。

7 5の表面に打ち粉をし、拳でしっかりと全体をたたいてガス抜きをする。

POINT 生地内の余分なガスを抜いて膨らみを均一にし、グルテンを活性化させる。大きな気泡が残らないようにしっかりとたたく。

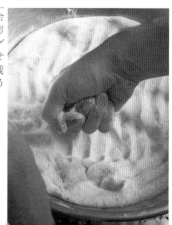

8 カードで30gずつ分割し、手のひらでたたいてガスを抜く。打ち粉をし、手で軽く握るようにしながら作業台の上で丸める。生地の表面がピンと張ったなめらかな状態にする。

9 8を、シルパットを敷いたプラックに3cm程度間隔をあけて並べ、表面に塗り卵を刷毛で塗る。手のひらで厚さ1cm程度になるようにたたいて平らにし、パールシュガーをのせ、軽く押さえて接着する。

10 内側にバターを塗ったセルクルをかぶせ、25℃・湿度45%の室内に1時間30分置き、最終発酵させる。生地が型の縁まで広がり、中央が型の高さより少し出るまで膨らんだ状態が目安。写真は最終発酵前の生地。

11 240℃のデッキオーブンで、ダンパーを開けて12分焼成する。

タルト・サントロペ用 パート・ダマンド・クリュ （35個分）

- 自家製パート・ダマンド・クリュ*……150g
- パート・ダマンド・クリュ（市販品）……150g
- 打ち粉（コーンスターチ）……適量
- ＊ 材料とつくり方はP.015「ガトー・ダマンド」参照

1 2種類のパート・ダマンド・クリュを、打ち粉をした作業台の上で、手でこねるようにしながら混ぜ合わせる。手にも打ち粉をする。

2 高さ3mmのバールをあて、打ち粉をしながら麺棒でのばし、直径7cmの丸型で抜く。

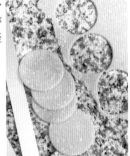

3 オーブンシートを敷いたプラックの上に並べ、乾燥しないように上にもオーブンシートをかぶせて冷蔵庫で保管する。

クレーム・パティシエール

（つくりやすい分量）

- 牛乳……500g
- バニラビーンズ*1……1/2本
- グラニュー糖……125g
- 卵黄……125g
- 強力粉*2……45g
- バター……45g

＊1 サヤから種を出す。サヤも使う
＊2 ふるう

1 鍋に牛乳とバニラビーンズのサヤと種、上記分量から取り出した大さじ1程度のグラニュー糖を加えて弱火にかけ、沸騰させる。

POINT 砂糖を少量加えることでタンパク質が凝固する温度が上がり、表面に膜が張るのを防ぐことができる。

2 ボウルに卵黄と残りのグラニュー糖を入れて泡立て器ですり混ぜ、グラニュー糖を溶かす。

POINT グラニュー糖のザラザラした感じがなくなるまでよく混ぜること。グラニュー糖が溶けきっていない状態で粉を加えると、ダマになったり粉が全体にまんべんなく広がらず、炊き上がったクリームがベタッと重い口あたりになる。同店ではコシのあるクレーム・パティシエールにするため、強力粉を使用している。強力粉は粒子が粗いので、ここでしっかりグラニュー糖を溶かしておかないと、粉を加えたときにダマになりやすい。

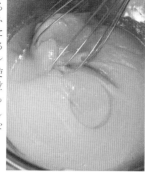

3 グラニュー糖が溶けたら強力粉を加え、つやが出るまでしっかり混ぜる。

4 沸騰した**1**のレードル1杯分をバニラのサヤとともに**3**に加え混ぜる。

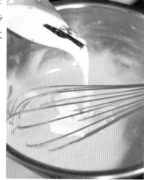

5 **4**をストレーナーで漉して別のボウルに移す。ここでバニラのサヤを取り除くと同時に、卵のカラザも取り除く。

6 **5**を**1**の牛乳の鍋にとびちらないように注意しながら戻し入れる。

7 強火にかけ、泡立て器で絶えず混ぜながら炊く。

POINT 強火で一気に火を通すことが重要だが、強力粉を使用しているため、ここで力いっぱい手ばやく混ぜすぎると粘りが出すぎて仕上がりの口あたりがべったりしてしまう。つねに沸騰した状態で焦がさないように注意しつつも、混ぜすぎないこと。

8 沸騰してしっかりととろみがつき、さらに混ぜているうちにコシが切れて表面につやが出てきたら、バターを加える。そのまま混ぜ続け、バターが溶けたら火を止める。

9 ラップの上に**8**を流して薄く広げ、上からもラップで覆って密着させる。粗熱がとれたらショックフリーザーで冷やす。

フランボワーズ・ペパン
（つくりやすい分量）

- フランボワーズ（冷凍・ブロークン）……500g
- グラニュー糖*……300g
- LMペクチン*……7.5g
* よく混ぜ合わせる

1 鍋にフランボワーズと、合わせたグラニュー糖とペクチンを入れて強火にかけ、泡立て器で混ぜる。

2 グラニュー糖が溶けてしっかり沸騰したら火を止め、ボウルに移す。粗熱がとれたらラップをかけて表面に密着させ、冷蔵庫で冷やす。

クレーム・ムースリーヌ（5個分）

- クレーム・オ・ブール*……100g
- クレーム・パティシエール……100g
* 材料とつくり方はP.016「ガトー・ダマンド」参照

1 クレーム・オ・ブールとクレーム・パティシエールをそれぞれ室温にもどし、1つのボウルに入れ、泡立て器でつやが出るまでしっかりと混ぜる。

漬け込み用シロップ（5個分）

- シロップ（ボーメ30度）……40g
- ラム酒……40g
- オレンジ果汁……40g

1 材料をすべて混ぜ合わせる。

組立て・仕上げ

・粉糖……適量

1 ブリオッシュに高さ1cmのバールをあて、波刃包丁でスライスする。

2 漬け込み用シロップを38℃に温める。土台の生地と、ふたになる生地をシロップに浸し、全体にしっかりとしみ込ませる。

3 土台の生地の断面にタルト・サントロペ用パート・ダマンド・クリュをのせる。

4 クレーム・ムースリーヌを6切・口径15mmの星口金を付けた絞り袋に入れ、**3**の上に中心から渦巻き状に40gずつ絞る。

5 フランボワーズ・ペパンを絞り袋に入れて先端をカットし、1個につき6gずつ、円を描くように絞る。

6 ふたになる生地をのせ、粉糖を茶漉しでふる。

"生地のおいしさ"を主役に

ジェノワーズ が
おいしい
「フレジエ」

アーモンドパウダーを配合したジェノワーズは、
厚めにスライスしてもっちりとした食感に

フレジエは、ジェノワーズを使うフランス菓子の代表です。生地をしっかり味わってもらえる
ものにしたいと、アーモンドパウダーを配合するジェノワーズ・ダマンドを採用しました。生
地にキルシュ風味のシロップをたっぷり打つため、オーディネールよりも全卵の泡立てを抑
えて緻密性を高めています。もっちりとした食感やこうばしさを感じられるように、生地は
厚めにスライス。間にサンドしたクレーム・ムースリーヌにはクレーム・オ・ブールを配合し、
リッチでありながらも軽やかさが感じられるようにしました。

ジェノワーズ・ダマンド

(38×29.5×高さ5cmのカードル1台使用*1/36個分)

- 全卵……625g
- グラニュー糖……210g
- ハチミツ……75g
- アーモンドパウダー*2……150g
- 粉糖*2……150g
- 薄力粉*3……420g
- バター*4……115g

*1 シルパットを敷いた天板に置き、側面にはカードルより少し高くなるように紙を巻く
*2 合わせてふるう
*3 ふるう
*4 溶かして40℃に調整する

1 ミキサーボウルに全卵、グラニュー糖、ハチミツを入れ、グラニュー糖が全体にいきわたるまで泡立て器ですり混ぜる。

2 ミキサーにセットし、ホイッパーを装着して中速で泡立てる。空気を含んで全体が白っぽくなり、ボリュームが出たら(7分立てくらいのイメージ)ミキサーからはずし、ふるったアーモンドパウダーと粉糖、薄力粉を合わせて加え、カードを使って粉けがなくなるまで切り混ぜる。

3 溶かしたバターを加え、つやが出るまで混ぜる。

4 用意したカードルに流し、L字パレットナイフで表面を平らにならす。190℃に予熱しておいたデッキオーブンに入れ、すぐに170℃に下げ、40〜45分焼成。オーブンから取り出し、室温に置いて冷ます。

クレーム・ムースリーヌ (36個分)

- クレーム・オ・ブール*1……800g
- クレーム・パティシエール*2……800g

*1 材料とつくり方はP.016「ガトー・ダマンド」参照
*2 材料とつくり方はP.025「タルト・サントロペ」参照

1 クレーム・オ・ブールは室温にもどす。クレーム・パティシエールは使用直前まで冷蔵庫に入れておく。

2 ミキサーボウルにクレーム・オ・ブールを入れ、ビーターを装着して低速で撹拌し、空気を含ませる。クレーム・パティシエールを加え、均一な状態になるまで撹拌する。

シロップ (36個分)

- キルシュ……180g
- シロップ(ボーメ30度)……180g

1 材料を混ぜ合わせる。

組立て

- イチゴ(ヘタを取る)……80〜100個

1 ジェノワーズ・ダマンドの型をはずし、焼き面を上にして板の上に置き、波刃包丁で厚さ1.5cmに2枚スライスする。焼き面は使わない。

2 1枚の上面に刷毛でシロップの半量(180g)を打つ。

3 クレーム・ムースリーヌの半量(800g)をのせ、L字パレットナイフで均一な厚さに広げて平らにならし、イチゴを並べる。カットしたときに、断面のイチゴの大小が偏らないようにする。

4 3の上に残りのクレーム・ムースリーヌをのせ、L字パレットナイフで均一な厚さに広げて平らにならす。

5 4の上にもう1枚のジェノワーズをのせ、残りのシロップを打つ。冷蔵庫で冷やし固める。

仕上げ (36個分)

- パート・ダマンド(市販品)……300g
- 食用色素(赤、緑)……適量
- クレーム・オ・ブール……適量
- イチゴ(ヘタを取る)……18個

1 パート・ダマンドを、粉糖(分量外)で打ち粉をしながらこね、赤の食用色素を練り込んで着色する。

2 1を麺棒で厚さ2mmにのばし、38×29.5cmにカットする。麺棒で巻き取って組立て-5の上面にのせ、広げて密着させる。

3 端を包丁で切り落とし、9×3cmに36個カットする。

4 上面の中央にクレーム・オ・ブールを絞り、ヘタを取り除いたイチゴをのせる。残りのクレーム・オ・ブールを緑の食用色素で着色し、コルネに入れて先端をカットし、両端に模様を絞る。

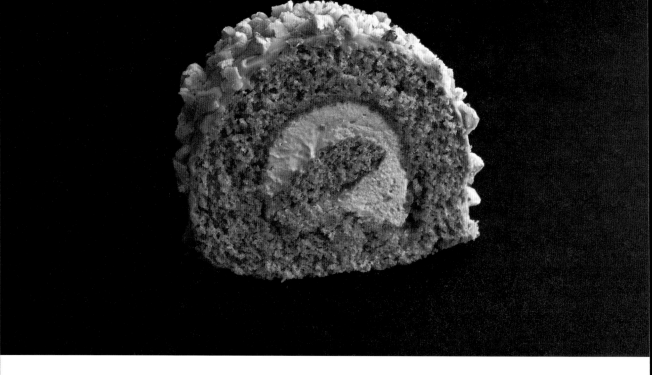

ジェノワーズ が
おいしい
「ルーロー・カフェ・ノワ」

バサッとした生地とたっぷりのクリームから香る
ほろ苦いコーヒー

フランス菓子らしいロールケーキをつくりたいと考案した菓子です。ジェノワーズはシート状に焼くことを想定し、バターの配合を減らしてロール状に成形しやすいジェノワーズ・フィーヌに。粉末状にしたエスプレッソ用のコーヒー豆とシナモンパウダーを混ぜてほろ苦さと香りをプラスしました。ラム酒のシロップを打ち、濃厚なプラリネ入りのクレーム・オ・ブール・ノワゼットを巻いています。あえて少しバサッとした食感にしたかったので、シロップは香る程度の量にしています。

ジェノワーズ・フィーヌ・カフェ

(60×40cmの天板1枚分／22個分)

- ・全卵……530g
- ・グラニュー糖……280g
- A・薄力粉*1……280g
- ・シナモン*1……8g
- ・ベーキングパウダー*1……1g
- ・アーモンドパウダー……150g
- ・エスプレッソ用のコーヒー豆(粉末)……8g
- B・牛乳……25g
- ・バター……40g

A *1を合わせてふるい、別にふるったアーモンドパウダーとエスプレッソ用のコーヒー豆(粉末)と合わせる

B 鍋に合わせ、火にかけてバターを溶かし、40℃に調整する

1 ミキサーボウルに全卵とグラニュー糖を入れ、グラニュー糖が全体にいきわたるまで泡立て器ですり混ぜる。

2 ミキサーにセットし、ホイッパーを装着して中速で泡立てる。空気を含んで全体が白っぽくなり、ボリュームが出たら(8分立てくらいのイメージ)ミキサーからはずし、合わせたAを加え、カードを使って粉けがなくなるまで切り混ぜる。

3 Bを加え、つやが出るまで混ぜる。

4 オーブンシートを敷いた天板に流し、L字パレットナイフで表面を平らにならす。190℃に予熱しておいたデッキオーブンに入れ、すぐに温度を170℃に下げ、30分焼成。オーブンから取り出し、室温に置いて冷ます。

クレーム・オ・ブール・ノワ (11個分)

- ・クレーム・オ・ブール・ノワ*……400g
- * 材料とつくり方はP.176「カフェ・ノワ」参照

シロップ (11個分)

- ・ラム酒……15g
- ・シロップ(ボーメ30度)……15g

1 材料を混ぜ合わせる。

クラックラン・ノワ (つくりやすい分量)

- ・グラニュー糖……300g
- ・水……100g
- ・クルミ(粗く刻む)……600g
- ・塩……1g

1 銅鍋にグラニュー糖と水を入れて強火にかけ、114℃まで煮詰める。火を止めてクルミと塩を入れ、木ベラで絶えず混ぜる。

2 くっついていたクルミがバラバラになり、表面に白く膜が張ったようになって結晶化し、サラサラとした状態になったら中火にする。底からすくうようにして全体を絶えず混ぜながら、こうばしい香りが立ち、結晶化したグラニュー糖が溶けて少しつやが出て、茶色く色づいたら火を止める。そのまま混ぜ続け、全体の温度が均一になるようにする。

3 オーブンシートを敷いたプラックの上に広げ、冷ます。

組立て

1 ジェノワーズ・カフェのオーブンシートをはがし、焼き面を下にして板の上に横長に置き、長辺を縦半分に包丁でカットする。カットした1枚が11個分(1本分)になる。

2 カットしたジェノワーズの大きさに合わせたオーブンシートを敷いた板の上に、1を焼き面を上にして横長にのせる。

3 シロップを刷毛で打つ。

4 クレーム・オ・ブール・ノワ250gをのせ、L字パレットナイフで塗り広げる。手前の端(巻いたときに中心になる部分)は、クリームは少し薄めに塗ると巻きやすい。

5 手前の端を巻きやすいように少し折り込んで芯をつくり、オーブンシートを持って前に押し出すようにしながら、左右が均等な太さになるように巻いていく。

6 巻き終わりを下にして置き、手で押さえて形をととのえる。オーブンシートを巻き、奥に定規をあててしっかりと押さえて締める。紙を巻き付けたままトヨ型に入れ、冷蔵庫で3時間冷やし固める。

仕上げ

1 組立て-6を横長に置き、クレーム・オ・ブール・ノワ150gを表面に塗り広げる。

2 バーナーで温めた包丁で両端を薄く切り落としてから、3cm幅に11個カットする。

3 表面にクラックラン・ノワを接着する。

フィユタージュ が おいしい 「ミルフォイユ・フランボワーズ」

オーソドックスな3つ折り6回で
サクサクとした繊細な食感を表現する

フィユタージュを使った菓子の代表、ミルフォイユ。フィユタージュの折り方には何種類かありますが、噛みごたえがありながらも、サクサクと軽やかに崩れる食感を表現するため、3つ折り6回の基本形にしています。間にサンドしたクレーム・ムースリーヌは、クレーム・パティシエールが多い配合に。卵と牛乳の味わいをメインにクリーミーに仕上げました。生地の味わいを引き立てるため、量は控えめにしています。生地の表面に塗ったフランボワーズ・ペパンの食感と甘ずっぱさがアクセントです。

フィユタージュ（つくりやすい分量／75個分）

- A・強力粉*1……1000g
  - ・薄力粉*1……350g
  - ・グラニュー糖……15g
  - ・塩……30g
- ・バター（1cm角に切る）……100g
- B・全卵……120g
  - ・酢……10g
  - ・水……適量（全卵、酢と合わせて610gになる分量）
- ・折り込み用バター*2……900g

A *1を合わせてふるい、グラニュー糖、塩と合わせて冷蔵庫で冷やす
B 全卵を溶きほぐし、酢、水と合わせて冷蔵庫で冷やす
*2 冷蔵庫で冷やす。

1　ミキサーボウルにAと1cm角に切ったバターを入れてBを加え、フックを装着して低速で混ぜる。

2　ひとまとまりになったら作業台に移す。まだバターの粒が見えていてよい。つやが出るまで手でこね、表面を張らせるようにして丸くまとめる。表面に包丁で十文字に深く切り込みを入れ、ビニール袋に入れて冷蔵庫に1晩置く。デトランプの完成。

3　折り込み用バターをビニール袋に入れ、麺棒でたたいて20cm角の正方形にととのえる。

4　打ち粉（分量外）をした作業台に2を置き、切り込みの中央から生地を四方に広げて正方形にととのえてから、麺棒で35cm角の正方形にのばす。

5　折り込み用バターを4の中央に角を45度ずらしてのせる。4つの角を中央で合わせるようにデトランプを折り、空気が入らないようにしっかりと押さえてバターを包む。麺棒で上から押さえて密着させる。

6　シーターに通しやすいように麺棒で厚さ2〜2.5cmの長方形にのばす。シーターに通して70×35cmにのばす。

7　6を横長に置いて左右から3つ折りにする。麺棒で厚さ2〜2.5cmの長方形にのばし、90度向きを変えてシーターに通して70×35cmにのばす。

8　7を3つ折りにし、麺棒で押さえて生地どうしを密着させる。刷毛で余分な打ち粉を落とし、ラップに包んで冷蔵庫に30分〜1時間置く。

9　6〜8の作業をさらに2回行う（3つ折り2回を3回、計6回になる）。最後は冷蔵庫で1時間しっかりやすませる。

10　9をシーターで厚さ2.5mmにのばす。ピケローラーでピケし、50×30cmの長方形を5枚切り取る。1枚が15個分（1本分）になる。冷蔵庫に30分置く。

11　生地を天板にのせ、220℃のデッキオーブンで30分焼成する。途中で生地が浮き上がってきたら網をのせて重石をする。

12　網をはずして粉糖をふる。オーブンに戻して5分焼成し、キャラメリぜする。

13　粗熱がとれたら端を切って1枚を45×9cmの長方形3枚にカットする。3枚1組で使用する。

フランボワーズ・ペパン（15個分）

- ・フランボワーズ・ペパン*……150g
- ＊ 材料とつくり方はP.026「タルト・サントロペ」参照

クレーム・ムースリーヌ（15個分）

- ・クレーム・オ・ブール*1……250g
- ・クレーム・パティシエール*2……750g

*1 材料とつくり方はP.016「ガトー・ダマンド」参照
*2 材料とつくり方はP.025「タルト・サントロペ」参照

1　クレーム・オ・ブールは室温にもどす。クレーム・パティシエールは使用直前まで冷蔵庫に入れておく。

2　ミキサーボウルにクレーム・オ・ブールを入れ、ビーターを装着して低速で撹拌し、空気を含ませる。クレーム・パティシエールを加えて混ぜ合わせ、均一な状態にする。

グラス・ア・ロー（15個分）

- ・粉糖……100g
- ・レモン果汁……3g
- ・水……10g

1　材料をボウルに入れ、ゴムベラでよく混ぜる。

組立て・仕上げ（15個分）

- ・フランボワーズ……40個

1　フランボワーズは1個を半分にカットする。

2　45×9cmにカットしたフィユタージュの1枚を、焼き面を上にして板の上に横長に置く。

3　フランボワーズ・ペパンの半量（75g）をのせ、L字パレットナイフで塗り広げる。

4　クレーム・ムースリーヌを幅16mmの片目口金を付けた絞り袋に入れ、3の上に500g絞る。1のフランボワーズの半量をちらす。

5　2枚目のフィユタージュを、焼き面を上にしてのせ、軽く押さえて密着させる。残りのクレーム・ムースリーヌ500gを絞り、残りのフランボワーズをちらす。

6　3枚目のフィユタージュを5にのせて軽く押さえ、残りのフランボワーズ・ペパンを塗り広げる。

7　グラス・ア・ローを鍋に入れて中火にかけ、ゴムベラで混ぜながら50℃に温める。

8　7を6の上に刷毛で塗る。冷蔵庫で冷やし固め、波刃包丁で3cm幅に15個カットする。

タルト生地の考え方

タルトが好きで、「タルト」と名がつくものや、土台として使用するプチガトーの商品数が自然と多くなります。こうばしいバターの香りやサクサクとした食感に主張が感じられ、「器」や「土台」としてサブの役割でありながらも、主役に負けない個性をもつ点が、自分の菓子を構成するうえで適しているからかもしれません。

基本のタルト生地は1種類で、パート・シュクレのみです。材料はごく一般的なものを使用していますが、バターの割合が多く、アーモンドパウダーを混ぜているため、リッチで風味がよいのが特徴です。この基本の配合もつくり方もそのまま、つくりたい菓子によって味わいを変化させることができるのが、タルト生地の面白さです。変化を出すための要素は、生地の厚さ、使用する型、焼成方法の3つです。左頁に、おもなタルト・プチガトーに使用する生地と型、焼き上がりの状態を並べてみました。

いちばん上は「タルト・ドートンヌ」(P.106)です。ここでのタルト生地は、中に入れるフルーツのガルニチュールとアパレイユを食べてもらうための「器」というイメージ。型はほかのタルトにもよく使う直径7.5×高さ1.7cmのタルトリングを使用していますが、生地の厚さは2mmと薄くして主張を控え、空焼き後にアパレイユをたっぷり流して焼成します。

2つ目の「ディジョネーズ」(P.166)は、「土台」としての役割です。上に濃厚なカシス味のパーツを重ねるため、これらに負けない存在感が必要でした。生地は厚さ2.5mmと当店で基本にしている厚さですが、型は直径6×高さ1.5cmと直径に対して深さのあるタルト型を採用。中にクレーム・フランジパーヌを絞り、濃い焼き色がつくまで焼成することで生まれる少し焦げたような風味が、カシスのえぐみに同調します。

3つ目は、人気商品の「タルト・カフェ」(未掲載)。空焼きした生地にクルミを入れ、塩キャラメルを流した土台の上に、コーヒー風味のほろ苦いムースを重ねた1品です。軽やかな口溶けのムースをこうばしいタルト生地が引き立てる構成ですが、生地が重いとバランスが悪く、全体の味わいがしつこくなります。そこで、厚さ2.5mmの生地を直径6×高さ1.5cmのタルトリングに敷いて重石をせずに焼き、側面の生地が焼成中に落ちることを逆手に取り、縁を適度な高さに抑えるようにしました。また、余分な油脂分を落とすためにシルパンを敷いて焼成し、繊細なムースに合う軽い生地に焼き上げています。

4つ目の「タルト・キャラメル・エピス」(P.070)は、キャラメル、スパイス風味のドライフルーツ、チョコレートを組み合わせた濃厚なタルト。小ぶりで凝縮した味わいにするため、直径7×高さ1.2cmの浅いタルト型を使用しています。生地が薄いとキャラメルの重みで割れやすくなり、味の面でも負けてしまうため、3mmと厚めにのばし、しっかりと空焼きをします。

2

"基本のパーツ"を主役に

クレーム・パティシエール が おいしい 「エクレール・カフェ」

牛乳の半量をエスプレッソに代え、みずみずしさと濃厚さを両立

コーヒーの風味を強く打ち出したクレーム・パティシエールにしたいと、牛乳の全量をエスプレッソに代えて炊いたところ、パティシエールらしさが失われた味わいに。そこで牛乳の半量をエスプレッソに代えることで、乳の旨みがありながらも、みずみずしさと濃厚なコーヒーのコクを感じるパティシエールが完成しました。重量の30％のクレーム・シャンティイを加え、まろやかさを出しています。

コーンスターチを配合し、弾力がありながらもなめらかな食感に

牛乳の半量をエスプレッソにしているので、粉の全量を小麦粉にすると水っぽくなります。半量をコーンスターチにすることで、コーンスターチのデンプンの性質上、プリッとした弾力がありながらも、なめらかな食感に仕上がります。卵黄と粉に同時に火が入るように強火で一気に炊き上げることが、口あたりのよいクリームに仕上げるコツです。

自家製フォンダンでコーヒーの味わいをより立体的に

パータ・シューは表面に粉糖をふってしっかりと焼き込み、キャラメリゼのこうばしさと食感のアクセントが出るように工夫。フォンダンには自家製のカフェベースを加えています。口に入れると、あふれ出るクレーム・パティシエールと甘くほろ苦いフォンダンから異なるコーヒーの風味が広がり、奥行のある味わいを楽しむことができます。

パータ・シュー (45個分)

- 牛乳……250g
- 水……250g
- バター……200g
- グラニュー糖……10g
- 塩……5g
- 強力粉*……165g
- 薄力粉*……165g
- 全卵……570g
- 塗り卵(全卵)……適量
- 粉糖……適量
  * 合わせてふるう

1 鍋に牛乳、水、バター、グラニュー糖、塩を入れ、中火にかける。ときどき木ベラで混ぜながら加熱する。

2 バターが溶けて完全に沸騰したら火からおろし、合わせた強力粉と薄力粉を一度に加えて混ぜる。粉が水分を吸ったら弱火にかけ、手ばやく混ぜる。

3 粉けがなくなり、まとまってきたら火からおろす(生地の温度は80℃)。ミキサーボウルに移し、ビーターを装着して低速でしばらく混ぜる。

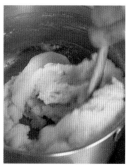 

POINT パータ・シューは、小麦粉に含まれるデンプンに水と熱が加わって糊化することで、粘りのある状態になる。水分を充分に含んだ粘りのある生地は、オーブンに入れて熱を加えるとよく膨らむ。そのため、最初に牛乳、水、バターなどをしっかり沸騰させることが必要。糊化させないときれいに膨らまなかったり、油分がにじみ出たりする。

POINT 糊化させる作業は、「火にかけたまま鍋肌から生地が離れるまで混ぜる」方法が一般的だが、3のようにまとまってきた熱い状態でミキサーに移して低速で混ぜれば糊化する。この方法だと水分が蒸発しすぎることなく、粉に充分に吸収されて、きれいに膨らむ。

4 生地が55℃くらいまで冷めたら、全卵を3回に分けて加える。加えるたびにしっかり撹拌して乳化させる。速度は低速。

POINT 混ぜる速度は空気が入らないように低速で。そうすることで生地がなめらかにつながる。卵は加えるごとに、ペースト状になるまで混ぜて乳化させる。乳化が不充分だと膨らみが悪くなる。

5 全卵が全部入ったら、カードでボウルの底からすくい上げるようにして全体を混ぜる。側面やビーターに付いた生地もはらってしっかり混ぜ合わせる。

6 16切・口径13mmの星口金を付けた絞り袋に生地を入れ、薄くバター(分量外)を塗った天板に、長さ12cmの棒状に絞る。

7 塗り卵を刷毛で薄く表面に塗り、粉糖を茶漉しでふる。

POINT 粉糖をふるのは焼成中の乾燥を防ぐため、また、焼成後の生地に食感のアクセントをつけるため。

8 220℃のデッキオーブンで20分焼成し、ダンパーを開けて15分焼成する。

9 すぐに手でシューを持ち、熱いうちに菜箸などで底に2ヵ所穴をあけ、室温に置いて冷ます。

POINT 熱いうちに穴をあけることで余分な蒸気が抜けて、パリッと仕上がる。

クレーム・パティシエール・カフェ (30個分)

- 卵黄……125g
- グラニュー糖……125g
- 牛乳……250g
- バニラペースト……1g
- 強力粉*1……40g
- コーンスターチ*1……10g
- エスプレッソ(抽出したもの)*2……250g
- バター……55g

*1 合わせてふるう
*2 抽出したての熱いものを用意する

1 ボウルに卵黄とグラニュー糖を入れ、泡立て器ですり混ぜる。

POINT グラニュー糖のザラザラした感じがなくなるまでよく混ぜること。グラニュー糖が溶けきっていない状態で粉類を加えると、ダマになったり粉が全体にまんべんなく広がらず、炊き上がったクリームがベタッとした重い口あたりになるため。

2 銅鍋に牛乳とバニラペーストを入れて火にかけ、沸騰させる。

POINT クレーム・パティシエールはすばやく強火で一気に炊き上げることで、なめらかな食感に仕上がる。火が通るまでに時間がかかると水分が抜けてしまうため、温度を下げないために、牛乳はしっかり沸騰させることが必要。卵や粉と牛乳を合わせたときに温度が下がると、粉に火が通る前に卵に火が入ってしまったりして、ダマの原因にもなる。

3 合わせてふるった強力粉とコーンスターチを1に加え、つやが出るまで混ぜる。

4 熱いエスプレッソを3にそそぎ、混ぜる。

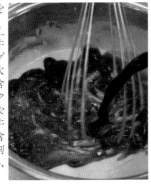

POINT エスプレッソは牛乳と分けて加える。エスプレッソを牛乳と合わせて火にかけると、コーヒーに含まれている酸がタンパク質に反応して分離するため。卵黄に加えてから牛乳と合わせると、卵黄に含まれるレシチンが乳化剤の役割をしてくれるため、分離することはない。

5 4を2に加え、強火で炊く。

POINT 粉と卵黄の両方に同時に火が通るようにするのが、クレーム・パティシエールのコツ。粉のほうが卵よりも火が通る温度が高いため、中火で混ぜていると粉に火が通る前に卵黄に火が入ってダマになり、口あたりの悪いクリームになる。強火で一気に火を通すことで、これを防ぐことができる。

6 泡立て器で絶えず混ぜながら炊く。沸騰して強いとろみがつき、さらに混ぜているうちにコシが切れ、表面につやが出てきたら、バターを加える。そのまま混ぜ続け、バターが溶けたら火を止める。

POINT 泡立て器を持つ手が重くなり、とろみがついてきたらデンプンが糊化した証拠だが、ここで火を止めると、なめらかさのない粘りの強いクリームに。さらに混ぜてコシが切れると、すくって流れる状態になる。ここまで炊くことで、冷えて粘りが増しても、やわらかさやなめらかさが保たれる。

7 ラップの上に6を流して薄く広げ、表面もラップで覆う。粗熱がとれたらショックフリーザーで冷やす。

フォンダン・カフェ (30個分)

- カフェベース(下記の分量でつくり、33g使用)
  - グラニュー糖……600g
  - 水……200g
  - 熱湯(80℃)……500g
  - コーヒー豆(深煎り、細挽き)……250g
- シロップ(ボーメ30度)……130g
- グラニュー糖……500g
- 水……200g
- 水アメ……80g

1 カフェベースをつくる。鍋にグラニュー糖と水を入れて中火にかけ、215℃まで加熱してキャラメルをつくる。火を止め、熱湯を加えて色止めをする。コーヒー豆を入れたボウルにそそぎ、ラップをして1晩おく。シノワで漉し、しっかりとコーヒー豆を絞ってエキスを抽出する。

2 1のカフェベースとシロップを合わせておく。

3 鍋にグラニュー糖、水、水アメを入れて強火にかけ、ときどき混ぜながら118℃になるまで煮詰める。

4 ミキサーボウルに移し、ビーターを装着して低速で撹拌する。撹拌によって温度が下がってくると、結晶化して白くなる。

POINT 撹拌する際は低速で。高速で撹拌すると、とびちるので注意。

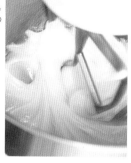

5 白くボロボロとした状態になるまで撹拌する。

POINT 写真の状態までしっかり結晶化させること。不充分だと、使用するときにダレたり、つやのない状態になったりする。

6 作業台の上に出し、手とカードを使って練ってまとめる。ダマになっている部分をなくすようにする。

7 2を少量加え、さらに手で練ってやわらかい状態にする。

8 少しやわらかくなったらミキサーボウルに残りの2とともに戻し、低速でペースト状になるまで撹拌する。

組立て・仕上げ (30個分)

- クレーム・シャンティイ*
  - 生クリーム（乳脂肪分47%）……220g
  - グラニュー糖……22g
- * クレーム・パティシエール・カフェのでき上がりの30%の重量

1 クレーム・シャンティイをつくる。ボウルに生クリームとグラニュー糖を入れ、泡立て器で泡立てる。角がしっかり立つ10分立てにする。

POINT 泡立て方が足りないと、クレーム・パティシエールと合わせたときにクリームの保形性が悪くなる。

2 別のボウルにクレーム・パティシエール・カフェを入れ、ゴムベラで混ぜてつやのある状態にもどす。

3 クレーム・シャンティイを2に加え、ゴムベラで混ぜ合わせる。

POINT 完全に混ぜてしまうと、クレーム・パティシエール・カフェのコシが切れてベチャッとした状態になり、なめらかさもなくなって口あたりが悪くなる。まだシャンティイの筋が見えている状態でOK。絞り袋に入れて絞る際に自然に混ざる。

4 口径7mmの丸口金を付けた絞り袋に入れ、パータ・シューの底にあけた穴から35gずつ絞り入れる。

5 ボウルにフォンダン・カフェを入れ、湯煎で人肌程度の温度に温める。

6 4を、焼き面を下にして5に浸け、ゆっくりと引き上げて軽く揺すって余分なフォンダンを落とす。フォンダンが厚く付いてしまった部分は指でぬぐうようにして余分なフォンダンを落とし、厚さを均等にする。縁を指でなぞる。板などに並べ、乾かす。

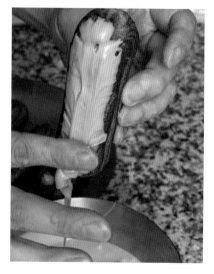

クレーム・シャンティイ が
おいしい
「タルト・シャンティイ」

空気をたっぷり含ませて軽やかさを打ち出す

クレーム・シャンティイには3つのタイプがあります。1つ目はバターなどの脂肪分を足して深いコクを強調するタイプ。2つ目はアルコールやキャラメルで香りをつけるクレーム・シャンティイ・パルフュメ。3つ目は、エアーをたっぷり含ませるタイプで、今回使用する、クレーム・シャンティイにイタリアンメレンゲを配合したシャンティイ・ムラングがこれにあたります。

乳脂肪分の高い生クリームを使い、パーツの存在を光らせる

クレーム・シャンティイを味わってほしい菓子に使用している生クリームは乳脂肪分47%のもの。濃厚な乳のコクでパーツとしての存在感を表現するためですが、乳脂肪分が高い生クリームは、ほかの素材と合わせる際に分離しやすいのが難点。シャンティイ・ムラングの場合も、泡立て方や温度の調整、混ぜ方に毎回細心の注意をはらいます。

凝縮感のあるライム果汁を加えて、ぐっと香り高く

タルト・シャンティイは、パータ・タンドルというケーキに似た土台にシャンティイ・ムラングを絞るのが基本形ですが、各パーツがさらに際立ち、一体感が出るように改良しています。シャンティイ・ムラングには、ライムの果汁を煮詰めて凝縮感を出したコンサントレを加え、さわやかに。クレーム・シャンティイに加えたあとにイタリアンメレンゲを混ぜ合わせることで、ライムのフレッシュ感が乳の旨みと相まって、シャンティイの味わいが際立ちます。

パータ・タンドル

(直径18×高さ5.5cmの丸型を使用*1／3台分)

- ・バター*2……112.5g
- ・牛乳*2……45g
- ・バニラペースト……2g
- ・薄力粉*3……225g
- ・ベーキングパウダー*3……3g
- ・アーモンドパウダー*4……50g
- ・粉糖……112.5g
- ・塩……1.5g
- ・全卵*5……180g

- ＊1 型の内側にバターを塗り、強力粉をまぶしておく(分量外)
- ＊2 鍋に合わせ、火にかけてバターを溶かし、30℃に調整する
- ＊3 合わせてふるう
- ＊4 ふるう
- ＊5 溶きほぐす

1 ボウルにバターを溶かした牛乳を入れ、バニラペーストを加える。

2 薄力粉、ベーキングパウダー、アーモンドパウダー、粉糖、塩を合わせ、1に一度に加え、ゴムベラで混ぜる。

POINT 練らないように注意。粉の中に自然に水分を吸わせるようなイメージで混ぜる。練るとグルテンが発生して生地が固くなる。

3 粉けがなくなり、ひとまとまりになったら(写真左)、全卵を少しずつ加えながら、ゴムベラで混ぜる。入れた卵液が混ざりきったら次を加える、という要領。最初は、ゴムベラで押さえるようにしながら卵を生地に入れ込んでいく(写真右)。だんだん入りやすくなってくるので、そうしたらボウルの底からすくい上げるようにしながら切り混ぜる。練らないように注意。

POINT 全卵はよく溶きほぐして、卵白のコシをしっかり切っておく。そうしないと、この生地の場合、焼成中に生地が"暴れ"て、底に気泡が入って部分的に浮いたような状態になりやすい。

4 混ぜ終わった生地の温度は24℃。流動性のあるうちに用意した丸型に230gずつ流し入れる。ぬれ布巾を敷いた台の上に底を軽くたたきつけて表面を平らにする。

5 冷蔵庫で30分ほど冷やして生地を締める。

POINT 冷やさずに焼くと生地が"暴れ"、焼けたときに表面に凹凸ができてしまう。粉が水分を吸収してもったりとした状態になるまで冷やす。

クレーム・ダマンド (3台分)

- ・バター*1……180g
- ・粉糖……180g
- ・塩……1g
- ・全卵*2……144g
- ・アーモンドパウダー*3……180g

- ＊1 ポマード状にする
- ＊2 溶きほぐす
- ＊3 ふるう

1 ミキサーボウルにバター、粉糖、塩を入れ、ビーターで低速ですり混ぜる。

2 粉糖が溶けてなじんだら、全卵を3回程度に分けて加え、そのつど低速のまましっかり混ぜる。

3 全卵が混ざりきったら、アーモンドパウダーを加え、低速のまま粉けがなくなるまで混ぜる。

組立て1・焼成

1 パータ・タンドルを流した丸型を冷蔵庫から出し、口径15mmの丸口金を付けた絞り袋にクレーム・ダマンドを入れ、1台につき200gを中心から渦巻き状に絞る。隙間ができてもよいので、型の縁までいきわたるように絞る。

2 180℃のコンベクションオーブンに入れ、40分焼成する。粗熱がとれたら型をはずす。

シトロンヴェール・コンサントレ（つくりやすい分量）

- ・ライム……3個（果汁約130g）
- ・ライムのピュレ（市販品）……約170g
- ・グラニュー糖……150g
- ・バニラペースト……2.4g

1 ライムの表皮をすりおろす。

2 1のライムを半分にカットして絞り器で絞って果汁をとる。約130gの果汁がとれる。ここにライムのピュレを足して合計300gにする。

- -
POINT フレッシュ感を際立たせるために生のライム果汁を使用するが、生の果汁100%だと季節によって甘さや酸味などに差が出てしまう。そこで、味を安定させるために市販のピュレを配合している。

3 鍋に2とグラニュー糖を入れて中〜強火にかけ（鍋底全体に炎があたっている状態）、112℃になるまで15〜20分煮詰める。火からおろし、室温になるまで冷ます。

- -
POINT 112℃になると煮詰まって色づき、とろんとしたややとろみのついたような状態になる。味わいが凝縮されてライムの風味が際立つ。

4 ボウルにすりおろしたライムの表皮とバニラペーストを入れ、3をそそいで混ぜる。

シャンティイ・ムラング（1台分）

- ・イタリアンメレンゲ（下記の分量でつくり、40g使用）
  - ・グラニュー糖……200g
  - ・水……65g
  - ・卵白……100g
- ・クレーム・シャンティイ
  - ・生クリーム（乳脂肪分47%）*……120g
  - ・グラニュー糖……18g
- ・シトロンヴェール・コンサントレ……33g

* 冷蔵庫でしっかり冷やす

1 イタリアンメレンゲをつくる。鍋にグラニュー糖と水を入れて強火にかけ、118〜119℃になるまで煮詰める。

2 1が沸騰しはじめたらミキサーボウルに卵白を入れ、中高速で泡立てはじめる。ボリュームが出て、白っぽくふんわりしてきたら低速にして、1をミキサーボウルの内側側面に沿わせるようにして少しずつそそぐ。

3 中高速に切り替え、さらに泡立てる。つやが出て、ホイッパーですくうと角がピンと立ち、人肌程度の温度に冷めるまで撹拌する。

4 ボウルに移し、カードである程度平らに広げて冷蔵庫に入れ、使用する直前までしっかり冷やす（5〜10℃）。

- -
POINT イタリアンメレンゲを固くしっかり泡立てることが重要。メレンゲの状態が悪いと、このあとクレーム・シャンティイと合わせたときにベタッとした舌ざわりとなり、かつ保形性も悪くなる。

POINT でき上がったイタリアンメレンゲはよく冷やして5〜10℃にしておく。このあと合わせるクレーム・シャンティイと温度がそろっていないと、きれいに混ざらず、分離する原因になって口溶けが悪くなる。

5 クレーム・シャンティイをつくる。ボウルに生クリームとグラニュー糖を入れ、泡立て器で泡立てる。全体にとろみがつき、泡立て器ですくうととろりと落ち、落ちた跡が少し残ってからゆっくり消えるくらいの状態（7分立て）にする。

- -
POINT クレーム・シャンティイはゆるめに泡立てる。このあとシトロンヴェール・コンサントレを加えると、締まって固くなることを想定している。

6 シトロンヴェール・コンサントレを一度に加え、泡立て器でひと混ぜする

POINT クレーム・シャンティイが締まって固くなるのを防ぐため、混ぜる回数は極力少なくする。このあと、イタリアンメレンゲと合わせるときにも混ぜるので、ここで混ぜすぎてシャンティイを固くしてしまうと、イタリアンメレンゲときれいに混ざらない。また、生クリームの乳脂肪分が高いため、混ぜすぎると分離してしまう。

7 6にイタリアンメレンゲを一度に加え、泡立て器で数回混ぜてなじませる。混ざったらゴムベラでボウルの内側側面をきれいにはらってまとめる。

POINT 混ぜる回数は5回程度で。混ぜる回数が多くなると、かえってきれいに混ざらず、シャンティイの状態が悪くなって分離する。

組立て2・仕上げ (3台分)

- グラン・マルニエ……30g
- バニラシュガー*……適量

＊ 使い終わったバニラのサヤを粉砕してグラニュー糖と合わせたもの

1 クレーム・ダマンドを絞って焼いたパータ・タンドルの上面に、グラン・マルニエを1台につき10gずつ刷毛でしみ込ませる。

2 シャンティイ・ムラングをパレットナイフで上面に塗る。

POINT 表面に多少凹凸があるので、平らにするために下塗りをする。

3 口径15mmの丸口金を付けた絞り袋に残りのシャンティイ・ムラングを入れ、上面に中心から渦巻き状に絞る。

4 パレットナイフでシャンティイ・ムラングの側面をならし、バニラシュガーをふる。

メレンゲ が
おいしい
「バルケット・ムラング」

スイスメレンゲとフレンチメレンゲをミックスした製法で

バルケット・ムラングは、メレンゲを中が空洞になるように焼き、そこになにか詰めたら面白いのでは、というところから発想した菓子。高温で焼けばメレンゲ内の気泡が膨らみ、空洞になると考えましたが、この火入れだと表面が割れたり、口溶けが悪くなります。そこで、砂糖を溶かしてから泡立てるスイスメレンゲの製法の一部をフレンチメレンゲに取り入れました。きめが細かく密度がありつつ、サクッとした食感に焼き上がります。

メレンゲに空洞をつくるために必須のコンフィチュール

タルトの土台に塗ったコンフィチュールは製法上でも重要な役割をもちます。高温で火を入れると焼成中にコンフィチュールが沸騰し、上に絞ったメレンゲの中に水蒸気が発生。それがメレンゲを押し上げることで中に空洞ができるという仕組み。その後、しっかりとメレンゲの表面を焼き固めることで、表面はサクッ、内側はしっとりとした状態に仕上がります。

タルト仕立てにして、こうばしさと食べごたえを打ち出す

バルケット・ムラングの特徴は、パート・シュクレとクレーム・ダマンドの上にメレンゲを絞り、同時に火を入れている点。サクッと歯ごたえのあるメレンゲの中は、芳醇なカルヴァドスを感じるなめらかなクレーム・シャンティイ。土台のタルトの、バターとアーモンドのコクとこうばしさにより、食べごたえが出ます。

パート・シュクレ

（下記はつくりやすい分量。でき上がりより200g使用／10個分）

- ・バター*1……450g
- ・塩……4g
- ・粉糖*2……412g
- ・全卵……130g
- ・アーモンドパウダー*2……175g
- ・薄力粉*2……787g
- ＊1　室温に置いてポマード状にする
- ＊2　それぞれふるう

1　ボウルにポマード状にしたバター、塩を入れ、泡立て器で混ぜる。

POINT バターは混ぜやすいようにやわらかいポマード状にしておく。泡立て器がすっと入る状態が理想。これがサクッとした食感に焼き上げるコツ。冬場などは湯煎にかけてやわらかくする。バターが固いと、やわらかくなるまで混ぜている間に気泡が入ってしまう。気泡が入るとカチッとした歯ごたえになる。溶かしすぎると今度はガリガリとした歯ごたえになってしまう。

2　粉糖を加え、混ぜ合わせる。

3　ダマがなくなるまで混ぜたら、全卵を2回に分けて加え、そのつどよく混ぜる。

4　生地がつながって全体になめらかになったら、アーモンドパウダーを一度に加え、ゴムベラで混ぜる。

5　ボウルの内側側面に付いた生地をはらう。薄力粉を一度に加え、ゴムベラで粉けがなくなるまで混ぜる。ラップで包み、厚さ3cmの正方形にととのえ、冷蔵庫に1晩置く。

コンフィチュール・ブラムリー

（10個分）

- ・青リンゴ（ブラムリー、皮と芯を除いたもの）……130g
- ・グラニュー糖……78g

1　青リンゴを6等分にカットし、ボウルに入れてグラニュー糖をまぶす。ラップをかけて冷蔵庫に1晩置く。

2　銅鍋に移して中火にかける。ヘラで混ぜながら15分煮て、少し水分が残っている状態で火を止める。

3　ボウルに移し、粗熱がとれたらラップをかけて表面に密着させ、冷蔵庫に1晩置く。

クレーム・ダマンド*1（10個分）

- ・バター*2……45g
- ・粉糖……45g
- ・塩……少量
- ・全卵……36g
- ・アーモンドパウダー*3……45g
- ＊1　つくり方はP.045「タルト・シャンティイ」参照
- ＊2　ポマード状にする
- ＊3　ふるう

組立て1（長径11×短径4.5×高さ1.5cmのバルケット型を使用）

1　パート・シュクレを、打ち粉（分量外）をしながら、シーターか麺棒で厚さ2.5mmにのばす。長径13×短径6.5cmの木の葉型で抜き、長径11×短径4.5×高さ1.5cmのバルケット型に敷き込む。

POINT 型と生地の間に空気が入らないように、しっかり角を押さえて密着させる。

2　はみ出た余分な生地をペティナイフで切り落とす。

3　クレーム・ダマンドを口径15mmの丸口金を付けた絞り袋に入れ、**2**に15gずつ絞り入れる。

4　スプーンの背を使い、中央がくぼんだすり鉢状になるようにととのえる。

POINT 中央をくぼませるのは、コンフィチュールを入れる場所をつくるため。周囲にクレーム・ダマンドの"土手"をつくることで、焼成中に沸騰したコンフィチュールがパート・シュクレにしみ込んだり、あふれ出て縁が焦げることを防ぐ。

5　コンフィチュール・ブラムリーを15gずつのせ、パレットナイフで表面をざっとならす。

ムラング・ショコラ(10個分)

- ・卵白……50g
- ・グラニュー糖……50g
- ・粉糖*……70g
- ・ココアパウダー*……12g
- * それぞれふるう

1 ミキサーボウルに卵白とグラニュー糖を入れ、ホイッパーを装着したミキサーで、中速でグラニュー糖が溶けるまで撹拌する。

POINT シロップをつくるようなイメージでしっかり撹拌する。これにより、きめが細かく密度がありながらも、サクッとした食感に焼き上がる。グラニュー糖を溶かさないで泡立てるとザクザクとした粗い食感になる。

2 グラニュー糖が溶けてつやが出てきたら高速に切り替え、ホイッパーですくうと角がピンと立つ一歩手前の状態まで泡立てる。

POINT ホイッパーですくうと、先端がゆっくりとおじぎをするくらいが目安。角が立つまで泡立てると、焼成した際に表面が割れてしまう。この菓子は、表面をつるんとした状態に仕上げる。

3 粉糖とココアパウダーを加え、気泡をつぶさないように手で状態を確認しながら、さっくりと混ぜる。

POINT 粉けがなくなってつやが出るまで、ていねいに混ぜる。そうすることで、密度が高くきめの細かいメレンゲになる。ここでの混ぜ具合が中途半端だと、ザクザクとした粗い食感のメレンゲになる。

2 シルパットを敷いた天板に並べ、ラックにさして、表面が乾いて膜が張ったような状態になるまで15分ほど室温で乾かす。

POINT こうすることで表面が割れることなく、きれいに均一に上に膨らむ。

3 180℃のデッキオーブンで45分焼成する。粗熱がとれたら型をはずす。

クレーム・シャンティイ・カルヴァドス(10個分)

- ・生クリーム(乳脂肪分47%)……150g
- ・グラニュー糖……15g
- ・カルヴァドス……15g

1 ボウルに生クリームとグラニュー糖を入れ、ボウルの底を氷水にあてながら泡立て器で泡立てる。

2 ナッペできる固さ(泡立て器ですくうことはできるが、止まらずにゆっくりと落ちていく7分立ての状態)まで泡立てたらカルヴァドスを加える。クリームがゆるくなるので、さらに撹拌して7分立ての状態にもどす。

組立て2

1 組立て1-5の上にムラング・ショコラを15gずつのせ、パレットナイフで山形にととのえる。

POINT ムラング・ショコラの量が多すぎると過剰に膨らんできれいな船形にならないので、15gが適量。手ばやく行うこと。さわりすぎるとメレンゲがダレて、きれいに均一に膨らまなくなる。

仕上げ

1 組立て2-3の側面の、ムラング・ショコラとパート・シュクレの間に箸などで穴をあける。

2 口径10mmの丸口金を付けた絞り袋にクレーム・シャンティイ・カルヴァドスを入れ、穴から15gずつ絞り入れる。

バヴァロワ が
おいしい
「カジノ」

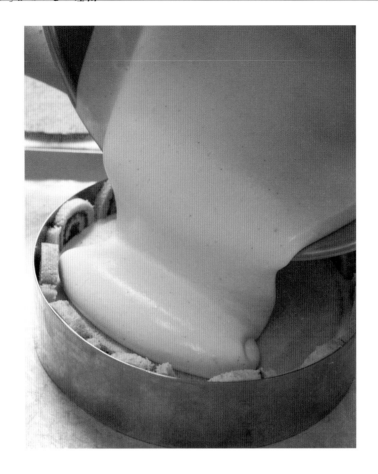

バヴァロワは卵や乳の旨みがしっかり伝わる仕立てに

クレーム・アングレーズに生クリームを加え、ゼラチンで固めるバヴァロワは、パーツではなく、バニラアイスクリームのように単体で食べて成立するもの。卵や乳製品の旨みが一体となるおいしさが身上なので、材料のどれかが突出しないように注意します。たとえば特別に味の濃い卵を使うと、砂糖や乳の甘みの邪魔をし、味わいのバランスが崩れてしまいます。

バヴァロワの質感に合わせ、生地にはパート・ダマンドを配合

カジノはフランスの「ルノートル」で考案された、今ではフランスの古典ともいえる菓子。ここでは基本の構成は踏襲しつつ、各パーツを見直しています。ビスキュイにはパート・ダマンドを配合。時間が経ってもしっとりとした食感を維持することができ、バヴァロワのなめらかな質感や濃厚でコクのある味わいと一体感が出ます。ここに塗るコンフィチュールにはグロゼイユを混ぜ、酸味をプラスして全体の味わいを引き締めました。ただし、生地が厚いとバヴァロワの味が薄く感じられるので、5mmを守ります。

酸味の強いナパージュがバヴァロワを引き立てる

古典のレシピでは、表面にフランボワーズのナパージュをかけますが、ここではグロゼイユとカシスのピュレでつくったナパージュに。酸味の強い2種類のベリー類を使うことで、バヴァロワのキルシュとバニラの風味がより立体的に浮き上がります。

ビスキュイ・ダマンド

（60×40cmの天板1枚分）

- ・パート・ダマンド・クリュ（市販品）*1……180g
- ・卵黄……50g
- ・全卵*2……55g
- ・粉糖……115g
- ・卵白……145g
- ・グラニュー糖……55g
- ・薄力粉*3……75g
- ・バター*4……50g

*1　電子レンジで温めてやわらかくする
*2　溶きほぐす
*3　ふるう
*4　溶かして35℃に調整する

1 ミキサーボウルにやわらかくしたパート・ダマンド・クリュと卵黄を入れ、ビーターを装着して中速で混ぜる。なじんだら、全卵を数回に分けて加えながら撹拌する。

2 卵が混ざりきったら低速に落とし、粉糖を一度に加える。中〜高速に切り替え、全体が白っぽくなるまで撹拌する。

POINT パート・ダマンド・クリュが入ると生地が重くなりやすい。ここでしっかり空気を含ませることで、目が詰まらず、口溶けのよい生地になる。

3 メレンゲをつくる。ミキサーボウルに卵白とグラニュー糖の3分の1量を入れ、ホイッパーを装着して高速で撹拌する。ボリュームが出て、白っぽくふわふわとした状態になったら残りのグラニュー糖を加える。全体につやが出て、ホイッパーですくうと角が立ち、すぐに少し垂れるくらいの状態（写真）になるまで撹拌する。

4 メレンゲの3分の1量を2に加え、手でざっと混ぜたら薄力粉を加え、粉が見えなくなるまで手でボウルの底からすくい上げるようにしながらしっかり混ぜる。

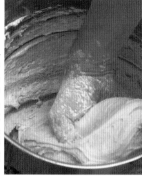

POINT ここで粉けが残っていると、このあと溶かしバターを加えたときにバターとくっついてダマになってしまうので、ていねいに混ぜること。カードやゴムベラを使ってもよいが、手で混ぜるほうが状態を確認しやすい。

5 溶かしバターを入れたボウルに4の3分の1量を加え、泡立て器で全体がなじむまでしっかり混ぜる。これを4に戻し入れる。

6 残りのメレンゲを加え、カードで底からすくい上げるようにしながら、気泡をつぶさないように混ぜる。混ぜ残しがないように注意する。生地がしっかりつながり、つやが出るまで混ぜる。

7 オーブンシートを敷いた天板に6の生地を流し、L字パレットナイフで均一な厚さになるように全体に広げる。

8 230℃のデッキオーブンで10分焼成したのち、ダンパーを開けて1分焼成する。

POINT 最後にダンパーを開けて蒸気を逃がす。湿気がこもると、焼成後に膨らんだ生地が落ちやすくなる。

9 焼き上がったらすぐに天板をはずし、室温に置いて冷ます。

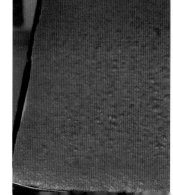

コンフィチュール・カジノ (5台分)

- ・グロゼイユのピュレ……40g
- ・フランボワーズのピュレ……40g
- ・水……20g
- ・グラニュー糖……80g
- ・レモン果汁……2g
- ・LMペクチン*……3g
  - ＊ グラニュー糖の一部と混ぜ合わせる

1 鍋にペクチン以外の材料を入れ、泡立て器で混ぜながら中火にかける。

2 グラニュー糖が溶けたら、グラニュー糖の一部と混ぜ合わせたペクチンを加え、ときどき混ぜながら加熱する。沸騰したら火を止める。

3 ボウルに移し、ラップをかけて表面に密着させ、冷蔵庫に1晩置く。

- -
POINT 1晩おいて固め、使用する際に混ぜてもどす。つくりたてのサラサラとした状態だと、生地にしみ込みすぎてしまう。

組立て1 (直径18×高さ4.5cmのセルクルを使用)

1 ビスキュイ・ダマンドのオーブンシートをはがし、焼き面を上にして、板の上などに横長に置く。端の固い部分は包丁でカットして取り除き、幅18cmに横に切って2等分する。生地は1枚58×18cm程度になる。

2 1を、焼き面を上にして横長に置き、そのうちの1枚に、コンフィチュール・カジノ(約85g、上記の半量)をL字パレットナイフで薄く均一に塗り広げる。

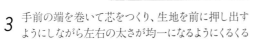

3 手前の端を巻いて芯をつくり、生地を前に押し出すようにしながら左右の太さが均一になるようにくるくると巻く。一般的なロールケーキの生地に比べて弾力性は低く表面が割れやすいが、気にしなくてよい。

4 巻き終わりの部分を下にして置き、手で押さえて形をととのえる。ラップで包んで締め、冷凍庫で切りやすい固さになるまで冷やす(ロール1本で2.5台分の生地がとれる)。

5 もう1枚の生地は、直径18cmのセルクルと直径15cmのセルクルで1枚ずつ抜き、直径18cmを底生地用、直径15cmを中生地用とする。

6 4を端から5mm幅にカットする。

7 プラックの上にオーブンシートを敷き、直径18×高さ4.5cmのセルクルをのせる。セルクルの底に6を、まず円周に沿って並べ、それからあいている中央にも並べて底面を埋める。

- -
POINT ロールの巻きの方向をそろえると美しく仕上がる。

8 セルクルの側面にも6をぐるっと1周貼り付ける。ロールの巻き終わりの部分を上に向けること。

バヴァロワ (2台分)

- 卵黄……110g
- グラニュー糖……66g
- 牛乳……300g
- バニラビーンズ*1……1/4本
- 板ゼラチン*2……14g
- キルシュ(ヴォルフベルジェール「アルザス キルシュ」)……32g
- 生クリーム(乳脂肪分47%)*3……450g

*1 サヤから種を出す。サヤも使う
*2 冷水でもどし、水けをきる
*3 冷蔵庫で冷やす

1 クレーム・アングレーズをつくる。ボウルに卵黄とグラニュー糖を入れ、泡立て器ですり混ぜる。

2 鍋に牛乳とバニラビーンズのサヤと種を入れ、強火にかける。

3 2が60〜70℃になったら、泡立て器で混ぜながら、1をとびちらないようにゆっくりと流し入れる。

POINT 卵黄に牛乳を溶いてから鍋に戻すと、牛乳がとびちって鍋肌に付き、そこに火が通ってしまう。その部分が混じると全体の味が変わってしまうので、卵黄を直接鍋の牛乳に加えるこの方法をとっている。卵黄のほうが牛乳より粘度があるので、牛乳がとびちりにくい。

4 ゴムベラで混ぜながら中火で82〜83℃になるまで煮詰めてとろみをつける。底が焦げ付かないように注意すること。

POINT クレーム・アングレーズは、卵黄が熱によって凝固する力を利用してとろみをつける。強火で加熱すると卵黄が先に固まって分離し、口溶けが悪くなる。中火で絶えず混ぜながら、沸騰させずにゆっくりと底が焦げないように注意して、82〜83℃になるまで加熱すること。こうすることで、卵黄、砂糖、牛乳、バニラの風味が一体となったおいしさが引き出される。

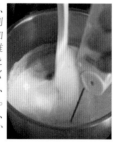

5 火からおろし、冷水でもどした板ゼラチンを加え混ぜる。ゼラチンが溶けたら、シノワで漉しながらボウルに移し、バニラビーンズのサヤを取り除く。

6 粗熱がとれたらキルシュを加え、ボウルの底を氷水にあてながら22〜23℃になるまでときどき混ぜながら冷やす。

POINT とろみがつくまでしっかりと冷やすこと。サラッとした液状だと、あとで生クリームを合わせてもゆるい質感のままになってしまう。また、キルシュをしっかりきかせて味わいにキレを出すことも大事なポイント。

7 生クリームをミキサーで泡立てる。ボリュームが出はじめたらミキサーからはずし、泡立て器でとろんとした状態になるまで泡立てる。6分立てが目安。

POINT 「7分立てまで泡立ててからベースと合わせる」のが一般的だが、7分立てより少し手前の状態で泡立てるのをやめる。すくうと、とろとろと流れて、下に積もった跡がゆっくりと消えるくらいの6分立てが目安。しっかり泡立てて結合させた生クリームの脂肪球で固めるムースとは違い、ゼラチンの力で固めるのがバヴァロワなので、強く泡立てる必要はない。強く泡立ててから合わせると、口溶けのなめらかさが失われる。

8 7に6のベースを加え、泡立て器で混ぜる。最後はゴムベラに持ち替えて底からすくい上げるようにしながら混ぜる。混ぜ残しがないようにする。

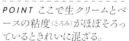

POINT ここで生クリームとベースの粘度(とろみ)がほぼそろっているときれいに混ざる。

POINT 生クリームとベースが混ざり、とろみはあるけれど、粘度はそれほど高くなく、とろとろと流れる状態。この状態で型に流し、ゆっくりと時間をかけて固めることがなめらかな舌ざわりに仕上げるコツ。とろみがない状態で流すと、固めている途中で分離して口溶けが悪くなる。また、これ以上にとろみがついた状態で冷やすと全体に締まって固くなる。

組立て2

1 組立て1-8にバヴァロワを型の高さの半分まで流す。ショックフリーザーに入れてバヴァロワの表面を固める。

- -
POINT このあと中生地をのせたときに波打って斜めにならないように、表面を固める。

2 表面が固まったら中生地を、焼き面を下にして入れ、手で軽く押さえる。

3 残りのバヴァロワをセルクルの高さの少し下まで流し、ゴムベラで平らに縁まで広げてすり切る(側面の生地をしっかり覆うこと)。

4 3の上に底生地を、焼き面を下にしてのせ、手で軽く押さえて接着する。冷凍庫で冷やし固める。

〝基本のパーツ〟を主役に

ナパージュ・カジノ (5〜6台分)

- 水……113g
- グロゼイユのピュレ……56g
- カシスのピュレ……56g
- ナパージュ・ヌートル……750g

1 材料をすべて混ぜ合わせる。

組立て3

1 組立て2-4を冷凍庫から出してセルクルをはずし、網をのせたプラックの上に、渦巻きの面を上にして置く。

2 ナパージュ・カジノを上からかけ、パレットナイフでならしながら余分を落とす。

クレーム・ムースリーヌ が おいしい 「パリ・ブレスト」

しっかりと焼き込んだこうばしいシューが プラリネ入りクリームを引き立てる

アントルメサイズで提供されることが多い、自転車の車輪を模したというフランス伝統菓子を、プチガトーサイズに仕立てました。1人分ずつ絞ったシュー生地は、表面にクラックランをのせてから粉糖をふり、しっかりと焼き込むことで、キャラメリゼのこうばしさと食感にアクセントが出るように工夫。そのザクッとした歯ざわりが、クレーム・パティシエールとクレーム・オ・ブールを同割で合わせた、濃厚でありながらも軽さのあるプラリネ味のクレーム・ムースリーヌの味わいを引き立てます。

パータ・シュー*1

- クラックラン……適量*2

*1 材料とつくり方はP.040「エクレール・カフェ」参照。エクレール・カフェに掲載されている分量で30個分
*2 材料とつくり方はP.017「ガトー・ダマンド」参照

1 パータ・シューを口径6mmの丸口金を付けた絞り袋に入れ、薄くバター（分量外）を塗った天板に直径6.5cmのリング状に絞る。

2 塗り卵を刷毛で薄く表面に塗り、クラックランをちらし、粉糖を茶漉しでふる。

3 220℃のデッキオーブンで20分焼成し、ダンパーを開けてさらに15分焼成する。オーブンから取り出し、室温に置いて冷ます。

クレーム・ムースリーヌ・プラリネ（10個分）

- クレーム・オ・ブール*1……400g
- クレーム・パティシエール*2……400g
- プラリネ・アマンド（市販品）……160g

*1 材料とつくり方はP.016「ガトー・ダマンド」参照
*2 材料とつくり方はP.025「タルト・サントロペ」参照

1 クレーム・オ・ブールは室温にもどす。クレーム・パティシエールは使用直前まで冷蔵庫に入れておく。

2 ミキサーボウルにクレーム・オ・ブールを入れ、プラリネ・アマンドを加え、ビーターを装着してしっかり撹拌して空気を含ませる。

3 クレーム・パティシエールを加えて混ぜ合わせ、均一な状態にする。

組立て・仕上げ

- 粉糖……適量

1 パータ・シューに並刃包丁を水平に入れて、上下2等分に切り分ける。

2 6切・口径7mmの星口金を付けた絞り袋にクレーム・ムースリーヌ・プラリネを入れ、下の生地に96gずつ、縦にらせんを描くようにして1周絞る。

3 上の生地をかぶせ、粉糖を茶漉しでふる。

卵と牛乳の旨み を
味わう
「クレーム・キャラメル」

すくうと形が残る固さに仕上げ、
素材の味わいがしっかり感じられるように

バニラで香りをつけた牛乳に卵、グラニュー糖を合わせただけのシンプルな構成です。生クリームを混ぜてコクを出していた時期もありますが、今は子どものおやつ向けに基本的なプリンの配合にし、「クレーム・ブリュレ」(P.092)との差別化を図っています。すくったときにスプーンの跡が残るしっかりとした固さに仕上げ、口に入れるとかすかな弾力とともに卵と牛乳の旨みがじんわりと広がるように仕立てました。底に流したキャラメルソースは、ほろ苦さと甘さのバランスにこだわり、どちらも突出しないようにしています。

クレーム・キャラメル

（口径6.5×高さ5cm・容量120㎖のアルミカップを使用／18個分）

- 牛乳……1300g
- バニラペースト……小さじ1/2強
- 卵黄……208g
- 全卵……156g
- グラニュー糖A……286g
- グラニュー糖B……100g

1 鍋に牛乳とバニラペーストを入れて強火にかけ、沸騰させる。

2 ボウルに卵黄と全卵、グラニュー糖Aを入れて泡立て器ですり混ぜ、グラニュー糖を溶かす。1を3回に分けて加え、そのつどよく混ぜる。

3 シノワで漉しながら別のボウルに移し、ボウルの底を氷水にあてながら混ぜて冷やす。粗熱がとれたらラップをかけて密着させ、冷蔵庫で1晩冷やす。

4 キャラメルをつくる。鍋にグラニュー糖Bを入れて強火にかけ、木ベラで混ぜる。グラニュー糖が溶けて煮詰まり、細かい泡が立ち、濃い茶褐色になったら（温度の目安は190℃）、火からおろす。

5 深めのトレーに底から3cm程度の高さまで湯を張り、口径6.5×高さ5cm・容量120㎖のアルミカップを並べる。4を等分に流し入れる。

6 3をカップの9分目まで流す。表面が乾かないように網をのせてシルパットをかぶせ、160℃のデッキオーブンに入れ、ダンパーを開け、50分湯煎焼きする。オーブンから取り出し、粗熱がとれたら冷蔵庫で冷やす。

バヴァロワ が

おいしい

「ピスターシュ・フランボワーズ」

卵黄たっぷりの濃厚なバヴァロワを
甘ずっぱいジュレが引き締める

ねっとりとしたピスタチオの舌ざわりと、とろんとしたバヴァロワのテクスチャーは好相性です。2種類のピスタチオペーストを混ぜたバヴァロワの中に、フレッシュのイチゴとフランボワーズでつくったジュレをひそませ、自家製ホワイトチョコレート入りのグラサージュでコーティングしました。バヴァロワは卵黄の量を増やし、卵の味がしっかり出るように構成。生地は主張が強くなりすぎないようにビスキュイ・キュイエールを選択しました。グラサージュには刻んだピスタチを混ぜ、味と食感に立体感をもたせています。

ビスキュイ・キュイエール（60個分）

- 卵白……90g
- グラニュー糖……90g
- 卵黄……60g
- 薄力粉*……80g
- 粉糖……適量

＊ ふるう

1 ミキサーボウルに卵白とグラニュー糖の2分の1量を入れ、ホイッパーを装着して中速で泡立てる。

2 ボリュームが出て、白っぽくふんわりとして、ホイッパーの跡が残るようになったら、残りのグラニュー糖を2回に分けて加える。

3 ミキサーを高速に切り替え、つやが出て、角がピンと立つ一歩手前まで泡立てる。ホイッパーですくうと先端がおじぎをする状態が目安。

4 3の4分の1量を、卵黄を入れたボウルに加え、泡立て器で混ぜる。

5 なめらかな液状になったら、3に戻す。

6 ふるった薄力粉を加えながら、カードで底からすくい上げるようにしながらさっくりと切り混ぜる。粉けがなくなり、つやが出るまで混ぜる。

7 口径8mmの丸口金を付けた絞り袋に6を入れ、オーブンシートを敷いた天板に、直径6cmの円形になるよう、中央から渦巻き状に絞る。粉糖を茶漉しで全体に薄く2回ふる。

8 200℃のデッキオーブンに入れ、ダンパーを開けて、12分焼成。オーブンから取り出し、室温に置いて冷ます。

ジュレ・フランボワーズ
(直径4.5×深さ2.4cmの48個取りのフレキシパンを使用／48個分)

- フランボワーズ……200g
- イチゴ*1……320g
- グラニュー糖*2……100g
- LMペクチン*2……8.4g

＊1 ヘタを取り除き、刻む
＊2 よく混ぜ合わせる

1 鍋にフランボワーズとイチゴを入れて弱火にかける。合わせたグラニュー糖とペクチンを加えてゴムベラで混ぜる。

2 グラニュー糖が溶けて水分が出てきたら中火にする。沸騰したら火からおろす。直径4.5×深さ2.4cmの48個取りのフレキシパンに等分に流し、冷凍庫で冷やし固める。

バヴァロワ・ピスターシュ（48個分）

- 卵黄……304g
- グラニュー糖……191g
- 牛乳……771g
- ピスタチオペースト(シチリア・ブロンテ産、ロースト)*1……76g
- ピスタチオペースト(イラン産、生タイプ)*1……76g
- 板ゼラチン*2……33g
- 生クリーム(乳脂肪分47%)*3……481g
- 生クリーム(乳脂肪分38%)*3……481g

＊1 合わせる
＊2 冷水でもどし、水けをきる
＊3 冷蔵庫で冷やす

1 クレーム・アングレーズをつくる。ボウルに卵黄とグラニュー糖を入れ、泡立て器ですり混ぜる。

2 鍋に牛乳を入れて強火にかけ、60〜70℃になったら、泡立て器で混ぜながら1を流し入れる。

3 中火にして、ゴムベラで混ぜながら82〜83℃になるまで煮詰めてとろみをつける。

4 火からおろし、2種類のピスタチオペーストを入れたボウルにシノワで漉しながら加え、混ぜ合わせる。冷水でもどした板ゼラチンを加え混ぜ、ボウルの底を氷水にあてながら、22〜23℃になるまでときどき混ぜながら冷やす。

5 4のクレーム・アングレーズを冷やしている間に、2種類の生クリームをミキサーボウルに入れ、7分立てまで泡立てる。使用直前まで冷蔵庫で冷やしておく。

6 クレーム・アングレーズが適温になったら、氷水からはずす。冷やしておいた生クリームを冷蔵庫から出し、泡立て器で泡立てて9分立てのクレーム・フエッテにする。

7 クレーム・フエッテの4分の1量をクレーム・アングレーズに加え、泡立て器で混ぜる。だいたい混ざったら、クレーム・フエッテを入れたボウルに2回に分けて戻し入れ、そのつど混ぜる。最後はゴムベラに持ち替えて、底からすくい上げるようにしながら混ぜる。

組立て（直径6.5×高さ3cmのセルクルを使用）

1 オーブンシートを敷いたプラックに直径6.5×高さ3cmのセルクルを並べる。

2 逆さ仕込みでつくる。バヴァロワ・ピスターシュを口径15mmの丸口金を付けた絞り袋に入れ、セルクルの高さの8分目まで絞り入れる。

3 ジュレ・フランボワーズを型からはずし、2のバヴァロワの中に押し込む。

4 ビスキュイ・キュイエールを、焼き面を下にしてのせる。冷凍庫で冷やし固める。

グラサージュ・ピスターシュ (つくりやすい分量)

- ・牛乳……500g
- ・水アメ……50g
- ・ホワイトチョコレート(自家製)*1……500g
- ・シロップ(ボーメ30度)……100g
- ・板ゼラチン*2……12.5g
- A・ナパージュ・ヌートル……335g
- ・ピスタチオペースト(イラン産、生タイプ)……200g
- ・ピスタチオ(細かく刻む)……50g
- ・レモン果汁……50g

＊1 溶かす
＊2 冷水でもどし、水けをきる
A 合わせて混ぜる

1 鍋に牛乳と水アメを入れ、中火にかけて沸騰させる。

2 1を溶かしたホワイトチョコレートを入れたボウルに加え、ゴムベラでよく混ぜてガナッシュをつくる。

3 鍋にシロップを入れて火にかけ、沸騰させる。火を止め、水けをきった板ゼラチンを加え混ぜ、溶かす。

4 3を2に加え混ぜ、合わせたAを加えて混ぜる。均一な状態になったら、シノワで漉しながら別のボウルに移す。ラップをかけて密着させ、冷蔵庫に1晩置く。

ムラング・スイス (つくりやすい分量)

- ・卵白……100g
- ・グラニュー糖……200g
- ・粉糖*……40g
- ・コーンスターチ*……20g

＊ 合わせてふるう

1 ミキサーボウルに卵白とグラニュー糖を入れ、中火にかけながら泡立て器で撹拌し、60℃まで加熱する。

2 1をミキサーにセットしてホイッパーを装着し、中速で泡立てる。全体につやが出て、ホイッパーですくうと角ができ、少し垂れるくらいの状態になったらミキサーからはずす。

3 合わせてふるった粉糖とコーンスターチを加え、ゴムベラでさっくりと混ぜ合わせる。

4 口径7mmの丸口金を付けた絞り袋に3を入れ、オーブンシートを敷いた天板の上に長さ5cmの棒状に絞る。

5 140℃のデッキオーブンに入れ、ダンパーを開け、30分焼成する。オーブンのスイッチを切り、そのまま余熱で1晩乾燥させる。

仕上げ (10個分)

- ・フランボワーズ……15個

1 グラサージュ・ピスターシュを湯煎にかけて溶かし、スティックミキサーで撹拌して乳化させ、なめらかでつやのある状態にする。

2 組立て-4を冷凍庫から出し、側面をバーナーで温めてセルクルをはずす。下にボウルを置いた金網の上に、ビスキュイ・キュイエールが下になるようにしてのせる。

3 グラサージュ・ピスターシュを40℃に調整し、上からかける。

4 側面に砕いたムラング・スイスを貼り付け、上面に半割にしたフランボワーズを飾る。

3

香りを楽しむ菓子

浅煎りコーヒーの
華やかな香りが立つ
「ブランマンジェ・カフェ」

コーヒーの色をつけずに、コーヒーを香らせる

アーモンドとコーヒーは相性がよいので、ブランマンジェにコーヒーゼリーを重ねた商品を
以前つくっていました。みずみずしくさっぱりはしていたのですが、もう少し深みや一体感
が欲しいと思い、ブランマンジェの中にコーヒーを香らせるという方向で改良した1品です。
こだわったのは、コーヒー豆の色素を移さず、風味を抽出すること。豆を1晩牛乳に浸して
から軽く温めるという方法で実現しました。見た目は白いのに、口に入れると、アーモンド
の奥に感じるコーヒーのほろ苦さがサプライズです。

コーヒー豆はホンジュラス産の浅煎りを使用

コーヒー豆の種類や焙煎度は、どんな菓子にしたいかによって変えています。ここでは、ホ
ンジュラス産の浅煎りの豆を使用。豆のもつドライフルーツのような甘やかな香りと、浅煎
りならではのフルーティーな酸味が、全体の味わいを華やかな印象にします。

皮をむいた生のアーモンドを加えて香りを引き出す

ブランマンジェに用いたのは、皮を湯むきした生のアーモンド。皮をむいたアーモンドは上
品な味わいになり、コーヒーの繊細な香りとの相性が高まります。また、アーモンドから抽出
された油脂が、コーヒーの香りを押し上げ、上にかけたクレーム・アングレーズと同調し、さ
らなるコクと奥行を与えてくれます。

ブランマンジェ・カフェ

（直径5.5×高さ5cmのセルクルを使用*1／14個分）

- ・皮付きアーモンド（スペイン産マルコナ種、生）……40g
- ・牛乳*2……520g
- ・コーヒー豆（ホンジュラス産、浅煎り）*2……66g
- ・板ゼラチン*3……10g
- ・アマレット……2g
- ・生クリーム（乳脂肪分47%）……400g
- ・グラニュー糖……104g

*1 セルクルをさっと水にくぐらせて、片側に正方形に切ったラップを貼り付けて底をつくる。オーブンシートを敷いたプラックの上に並べる
*2 ボウルに合わせて冷蔵庫に1晩置く。1日以上おくとコーヒーの色が牛乳に移ってしまうので注意する
*3 冷水でもどし、水けをきる

1 鍋に湯（分量外）を入れて沸かし、アーモンドを入れてしばらくグツグツゆでる。皮がふやけてきたらシノワに上げて湯をきり、親指と人差し指で皮から実を押し出すようにして皮をむく。

2 包丁で粗く刻む。

- -

POINT 刻むことで香りが抽出されやすくなる。

3 牛乳とコーヒー豆を鍋に移して火にかけ、50℃まで加熱する。火を止め、シノワで漉しながらボウルに移し、コーヒー豆を取り除く。

POINT コーヒー豆を牛乳に1晩浸けると、コーヒー豆の周囲に牛乳の乳脂肪の膜が付く。これを溶かし、さらにコーヒーの香りを移すために温める。ただし、50℃を超えるとコーヒー豆の色素が抽出されて牛乳が茶色くなるので注意する。

4 3を鍋に戻し、2を加え、スティックミキサーでアーモンドを粉砕する。

- -

POINT 香りを出しやすくするために行う。

5 中火にかけてゆっくり沸騰させる。強火だと鍋肌が焦げるので注意する。沸騰したら火を止めてふたをし、10分おいてアーモンドの香りを抽出する。

6 5が温かいうちに、水けをしっかりきった板ゼラチンを加え、混ぜ溶かす。

7 シノワで漉しながらボウルに移す。ゴムベラでしっかりとアーモンドを押さえて絞り、アーモンドの風味を抽出する。

8 ボウルの底を氷水にあてながら、ゴムベラでとろみがつくまでときどき混ぜる。

9 蒸気が出なくなったら（約35℃）、アマレットを加える。

10 ボウルに生クリームとグラニュー糖を入れ、泡立て器で泡立てる。持ち上げると、とろとろと落ち、落ちた跡がすぐ消える状態の5分立てが目安。使用直前まで冷蔵庫で冷やす。

11 9の表面が固まり、ぷるんぷるんと揺れるようになったら（温度は12〜13℃）、氷水からはずして泡立て器で混ぜてほぐす。

12 10を冷蔵庫から出し、11を一度に加え、泡立て器で混ぜ合わせる。

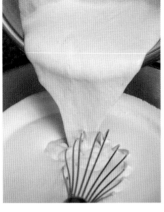

POINT ここで牛乳と生クリームの粘度（とろみ）がそろっていると、きれいに混ざる。

13 デポジッターに入れ、用意しておいたセルクルに高さ8分目まで流し入れる。冷蔵庫で冷やし固める。

クレーム・アングレーズ

（つくりやすい分量）
- 卵黄……110g
- グラニュー糖……66g
- 牛乳……300g
- バニラビーンズ*……1/4本
- ラム酒……15g
 * サヤから種を出す。サヤも使う

1 ボウルに卵黄とグラニュー糖を入れ、泡立て器ですり混ぜる。混ざればよい。

2 鍋に牛乳とバニラビーンズのサヤと種を入れ、強火にかける。沸騰直前に火を止め、泡立て器で混ぜながら、1をとびちらないようにゆっくりと流し入れる。

3 泡立て器で混ぜながら、中火で82〜83℃になるまで煮詰めてとろみをつける。底が焦げないように注意すること。

4 火からおろし、シノワで漉してボウルに移し、バニラのサヤを取り除く。ボウルの底を氷水にあてながらゴムベラで混ぜる。蒸気が出なくなったらラム酒を加え、22〜23℃まで冷やす。氷水からはずしてラップをし、冷蔵庫で冷やす。

仕上げ

1 ブランマンジェ・カフェの底に貼り付けたラップをはがし、周囲をバーナーで温めてセルクルをはずし、皿の上にのせるか容器に入れる。

2 クレーム・アングレーズを15gずつかける。

スパイスとナッツの香りを
キャラメルで増幅
「タルト・キャラメル・エピス」

フルーツは"浅漬け"にして、スパイス感を際立たせる

お酒に漬けたドライフルーツは、ケーク・フリュイなどおもに焼き菓子に使用する素材。これを生菓子に応用できないかと考え、ナッツと合わせてキャラメル風味のタルトに仕立てました。ドライフルーツとナッツをキルシュとスパイスに漬け込んだフリュイ・エピスは、ケークに用いる場合は約2ヵ月おいて味をなじませますが、このタルトの場合は1週間に。まだ味がまとまっていないぶん、素材の個性が際立ちます。

濃厚なキャラメルでフリュイ・エピスを包み、一体感のある味わいに

フリュイ・エピスは生クリームとバターを配合したコクのあるキャラメルをからめてから、空焼きしたパート・シュクレに入れています。この際、タルト生地が薄いと割れやすくなるため、厚さ3mmと厚めにしています。タルト生地のこうばしさと、濃厚なキャラメルの味わいが、フルーツとナッツ、スパイスの個性をまとめてくれます。

クレムー・ショコラでプチガトーらしく

焼き菓子用の素材をプチガトーに利用したら面白いのでは、というのがこの菓子の発想の源。キャラメルとからめたフリュイ・エピスの上には、チョコレートで固めるタイプの口溶けのよいクレムーを絞り、要冷蔵の商品に仕立てました。少量でも食べごたえのある菓子なので、使用するタルト型は小さめにして、全体の味のバランスを取っています。

パート・シュクレ*

(直径7×高さ1.2cmのタルト型を使用)

- 塗り卵(卵黄)……適量
- * 生地の材料とつくり方はP.050「バルケット・ムラング」参照。「つくりやすい分量」で78個分

1. パート・シュクレを、打ち粉(分量外)をしながらシーターで厚さ3mmにのばす。型が浅く側面が斜めになっているため焼き縮みしやすいので、ピケローラーで軽くピケする。直径9cmの円形の抜き型で抜き、直径7×高さ1.2cmのタルト型に敷き込む。型からはみ出た余分な生地をパレットナイフかカードで切り落とす。切り口が、型の外側に向かって斜め下になるように切る。オーブンシートを敷いたプラックに並べ、冷凍庫に20分置いて生地を固める。

2. 天板に並べ、ケーキカップなどをのせ、重石を縁まで入れる。ダンパーを開けた180℃のコンベクションオーブンで25分焼成。ケーキカップごと重石を取り、型をはずして、色づくまで10分焼成する。

POINT 水分量の多いガルニチュールを入れても湿気にくいように、しっかりと色づくまで焼いて乾燥させる。

3. 塗り卵を刷毛で内側全体にていねいに塗る。ダンパーを開けて180℃のコンベクションオーブンでさらに4～5分焼成して卵にしっかり火を通す。

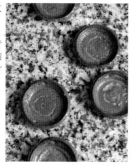

POINT 卵がしっかり乾くまで火を通さないと、冷めてから卵を塗った部分がやわらかくもどり、卵の臭みが出てしまう。

フリュイ・エピス(つくりやすい分量)

- ドライイチジク……250g
- ドライアプリコット……250g
- ドライ洋ナシ……250g
- ドライプルーン……250g
- キルシュ……375g
- レーズン……188g
- 皮付きアーモンド(生)……125g
- 皮付きクルミ(生)……125g
- A・パンデピス用スパイス……27.5g
  - ・グラニュー糖……125g
  - ・シナモン……12.5g

1. ドライイチジク、ドライアプリコット、ドライ洋ナシはハサミでひと口大に切る。ドライプルーン、キルシュと合わせてロボクープで撹拌し、ペースト状にする。

2. ボウルに1とレーズン、アーモンド、クルミを入れ、合わせたAを加え、カードで混ぜ合わせる。ラップをかけて表面に密着させ、冷蔵庫で1週間漬け込む。

キャラメル・ブール・エピス

(50個分)

- フリュイ・エピス……700g
- 生クリーム(乳脂肪分38%)……200g
- 牛乳……50g
- バター……150g
- グラニュー糖……300g
- ハチミツ……100g

1. 1週間漬けたフリュイ・エピスを包丁で細かく刻み、ボウルに入れる。

2. 鍋に生クリーム、牛乳、バターを入れて混ぜ合わせ、中火にかけて沸騰させる。

3. 別の鍋にグラニュー糖とハチミツを入れて混ぜ合わせ、中～強火にかけて煮詰める。全体に茶色くなり、煙が出はじめる180℃になったら火を止め、2をそそいで泡立て器で混ぜる。

4. 再び中～強火にかけて沸騰させ、全体を均一な状態にする。

POINT 煮詰めすぎると冷めたときにキャラメルが固くなり、冷蔵ショーケースに入れたときに歯ざわりが悪くなる。そのため180℃以上に煮詰めないよう気をつける。

5 4を1にそそぎ、ゴムベラで均一な状態になるまで混ぜ合わせる。

6 空焼きしたパート・シュクレに5を25gずつスプーンで入れる。このあとの工程で上にクレムー・ショコラを絞るので、できるだけ平らになるようにする。冷蔵庫で冷やし固める。

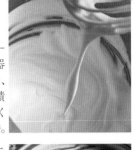

4 別のボウルに生クリームBを入れ、泡立て器で泡立てる。すくうと、とろとろと流れ、跡が積もってゆっくり消えるくらいの7分立てが目安。

5 4を3に加え、ゴムベラで均一な状態になるまで混ぜ合わせる。ラップをかけて表面に密着させ、冷蔵庫に1晩置いて冷やす。

クレムー・ショコラ (75個分)

- 卵黄……60g
- グラニュー糖……45g
- バニラペースト……6g
- 牛乳……150g
- 生クリームA (乳脂肪分38%)……150g
- ダークチョコレート (カカオ分71%)*……375g
- トリモリン*……30g
- 生クリームB (乳脂肪分38%)……555g
- * 合わせて溶かす

1 ボウルに卵黄、グラニュー糖、バニラペーストを入れ、泡立て器で白っぽくなるまですり混ぜる。

2 鍋に牛乳と生クリームAを入れて火にかけ、沸騰したら1にそそいで泡立て器で溶き混ぜる。これを鍋に戻して中火にかけ、ゴムベラで絶えず混ぜながら、82℃になるまで加熱し、とろみをつける。

3 火からおろし、合わせて溶かしたダークチョコレートとトリモリンを入れたボウルにそそぎ、ゴムベラで混ぜ合わせる。ボウルの底を氷水にあてながら混ぜ、40℃まで温度を下げる。

組立て・仕上げ

- 自家製パータ・グラッセ (80個分)
  - ダークチョコレート (カカオ分71%)……240g
  - サラダオイル……12g
- ココアパウダー……適量

1 クレムー・ショコラをカードで混ぜて、絞りやすい固さにもどす。

2 口径8mmの丸口金を付けた絞り袋に入れ、キャラメル・ブール・エピス-6の上に、中央から渦巻状に絞る。冷凍庫でしっかり冷やし固める。

3 自家製パータ・グラッセをつくる。ボウルに材料を入れ、電子レンジか湯煎で溶かして混ぜ合わせ、31℃に調整する。

4 2の表面のクレムー・ショコラを下にして3に浸け、ゆっくりと引き上げ、軽く揺すって余分なパータ・グラッセを落とす。垂れた部分を指でぬぐって落とし、作業台の上に置く。

5 ココアパウダーを茶漉しで表面にふる。

"米を噛む＝香り立つ"を軸に、
緻密に構成
「リ・オ・レ・ア・ラ・カタルーニャ」

米のプチプチとした歯ざわりを濃厚なクリームにとじ込める

ミルク味の甘いリゾットのようなどこかほっとする味わいのリ・オ・レをプチガトー仕立てにしたいと考え、スペイン・カタルーニャ地方発祥の菓子クレーム・カタランと組み合わせました。冷めると固くなり、軽いクリームと合わせると米が下に沈んで層になってしまうリ・オ・レですが、卵液に粉を混ぜて火を通すクレーム・カタランと合わせると、米ひと粒ひと粒がクリームの中にちらばって留まり、プチプチとした食感が楽しめます。

米は長粒米を使用。粘りを出さないように火加減を調整

米はパラッと仕上がる佐賀県産の長粒米を選択。火を入れすぎると米に粘りが出てクリームと同化してしまい、米のプチプチとした食感と味わいが引き立たなくなります。米の火の通し加減が、この菓子のおいしさの決め手になります。

オレンジコンフィと甘口白ワインが味と香りを広げる

リ・オ・レには自家製のオレンジコンフィと甘口白ワインを配合。クレーム・カタランがオレンジの表皮などで香りをつけることから着想を得ました。コンフィを使用するとねちっとした食感が加わり、噛むたびにオレンジの甘くさわやかな味と香りが口中に広がります。ワインは貴腐ワインを採用。その独特な芳香と甘さで印象的に仕上げました。

リ・オ・レ

（口径6.5×高さ5cm・容量120mℓのアルミカップを使用／15個分）

- すましバター*……5g
- 米（長粒米・佐賀県産ホシユタカ）……65g
- 塩……1g
- 牛乳……600g
- グラニュー糖……70g

* バターを溶かして冷やし固め、2層になった上の澄んだ透明な部分のみ取り出したもの

1 鍋にすましバターを入れて強火にかけ、米と塩を加え、米につやが出て軽く透き通るようになるまで木ベラで炒める。今回使用した鍋は直径18×深さ11cm。

POINT 通常のバターだとすぐに焦げてしまうため、焦げにくく高温で熱することができるすましバターを使う。

POINT 米は洗ってぬらすと水分を吸収しやすくなり、粘りが出てしまう。そのため、洗わずにバターで炒め、米をバターでコーティングすることで余分な水分の吸収を阻止し、サラッとした仕上がりにする。

2 別の鍋に牛乳とグラニュー糖を入れ、中火にかける。グラニュー糖が溶けたら1にそそぎ入れ、弱～中火で加熱しながら、ときどき混ぜて米を煮る。

POINT ときどき混ぜないと米どうしがくっついて固まってしまうので注意。ただし、混ぜすぎると、米が割れて粘りを引き出す原因に。木ベラで鍋底をこそぐようにしてやさしく混ぜる。

POINT 火加減はつねに鍋の中の液体が小さくフツフツと沸いている状態に。火力が強いと牛乳がすぐに煮詰まって米に水分が充分に浸透しないし、火が弱いとじわじわと水分が米に入ってしまい、炊き上がったときに米がやわらかくなりすぎて粘りが出てしまう。

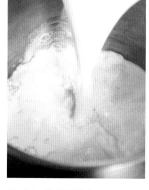

3 煮る時間は沸騰してから28分が目安（この長粒米を使った場合。米の種類によって変わる）。写真は20分火を入れた状態。牛乳が煮詰まり、砂糖の糖分も浸透してきている。ここで米の状態を指でさわって確認し、やわらかくなりすぎていたり、固い場合は火加減を調整する。

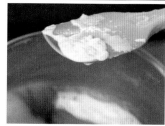

4 さらに3分火を入れた状態。牛乳の表面の膜が厚くなっている印象。ここまでくると牛乳の水分や砂糖の糖分は米に浸透しなくなる。この段階で水分が多すぎると調整は難しくなるので、前の段階（20分火を入れた段階）での確認が重要になる。

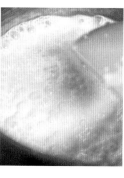

5 28分火を入れた状態。牛乳が煮詰まり、米が液体の表面から少し顔を出す。食べてみて、芯にわずかに歯ごたえが残るアルデンテの状態になっていれば完成。ボウルに移す。

6 粗熱がとれたらラップをかけて表面に密着させ、冷蔵庫に1晩置く。

POINT このあとでつくるクレーム・カタランも冷蔵庫に1晩置く。冷やして温度をそろえないと均一にきれいに焼き上がらない。

クレーム・カタラン (15個分)

- ・卵黄……120g
- ・グラニュー糖……70g
- ・コーンスターチ……16g
- ・生クリーム(乳脂肪分38%)……350g
- ・牛乳……300g

1 ボウルに卵黄とグラニュー糖を入れ、泡立て器ですり混ぜる。

2 グラニュー糖がなじんだら、コーンスターチを加えて混ぜる。

POINT クレーム・パティシエールのように粉がなくなるまで炊くわけではないので、小麦粉を使うと粉が残ってしまう。そのため、コーンスターチを使う。

3 鍋に生クリームと牛乳を入れ、強火にかける。沸騰したら**2**にそそぎ、手ばやく混ぜる。

POINT しっかり沸騰させ、沸騰してすぐの状態で卵黄にそそぐことが重要。卵黄に火が入ってとろみがつく。ここでゆるくとろみをつけておくことで、このあとオーブンで火入れする際にも卵黄の固まり方がよくなり、リ・オ・レの米が底に沈むことなく、クリームの中にまんべんなくちらばる。沸騰が充分でなかったり、また、沸騰してから少しおいて5〜6℃温度が下がったりするだけで卵黄にとろみがつかなくなるので注意が必要。

4 すぐに温度を下げるため別のボウルに移し、ボウルの底を氷水にあてる。粗熱がとれたらラップをかけて表面に密着させ、冷蔵庫に1晩置く。

POINT 冷蔵庫に1晩置くことで脂肪球が安定して材料どうしの結合がよくなり、高温のオーブンの中でも液体が暴れることなく均一に火が通るようになる。

組立て・焼成 (15個分)

- ・自家製オレンジコンフィ*……60g
- ・甘口白ワイン(「シャトー・プティ・ギロー 2009」フランス・ボルドー・ソーテルヌ地区)……35g
- ・プレーンヨーグルト……100g

＊ 自家製オレンジコンフィのつくり方

1 半割にして果肉を除いたオレンジの皮を、沸騰させた湯で30分ゆでてアクを抜く。ザルにあげ、白いワタの部分をきれいに取り除き、水けをきる。

2 鍋に水とグラニュー糖を2対1の割合で合わせて火にかけ、シロップをつくる。砂糖が溶けて沸騰したら火を止め、1を入れる(分量の目安は、シロップがひたひたになる程度)。オーブンシートなどでふたをして冷蔵庫に1晩置く。

3 翌日、オレンジの皮を取り出し、シロップだけ沸騰させて火を止める。皮を戻して同様にふたをして冷蔵庫へ。さらに翌日、同様にしてシロップを沸騰させたらグラニュー糖適量を足して火にかけて溶かし、再沸騰したら火を止め、皮を戻し入れて1晩冷蔵庫へ。このように1日おきにグラニュー糖を足して糖度を上げながら約3週間、糖度が65%Brixになるまで同様の作業を毎日くり返す。糖度が上がってきたら常温保存でもよいが、最初のうちは冷蔵庫に保管する。

4 めざす糖度になったら水アメを加え混ぜる(オレンジ10個分に対し100〜120g)。

1 オレンジコンフィを細かく刻んでボウルに入れ、甘口白ワインをそそぎ、ゴムベラで混ぜてほぐす。

2 冷蔵庫から出したリ・オ・レに、ワインごと**1**を加え、ゴムベラで米がつぶれないように注意しながらやさしく混ぜて全体にオレンジコンフィをちらす。

3 冷蔵庫から出したクレーム・カタランに**2**を一度に加え、プレーンヨーグルトを加えてゴムベラで全体が均一な状態になるまで混ぜる。

POINT 混ぜ終わりの状態。ここでこのくらいまでとろみがついていると、焼成中に米が底に沈むことがない。

4 口径6.5×高さ5cm・容量120mlのアルミカップに**3**をレードルで100gずつ入れる。

5 布巾を敷いたバットの上に並べ、熱湯を底から1.5cmくらいの高さまでそそぐ。上にグリルとシルパットをのせる（表面に先に火が通って固くなるのを防ぐため）。160℃のデッキオーブンで38分蒸し焼きにする。

POINT 焼き上がりの確認は、カップを少し揺らしてみて表面全体が同じ揺れ方をすればOK。中はたぷんたぷんと揺れる状態。

6 粗熱がとれたら冷蔵庫で冷やす。

仕上げ

・カソナード……適量

1 上面にカソナードを均一にふり、バーナーであぶってキャラメリゼする。

オレンジのフレッシュな香りと
火入れした香りを両立
「タルト・ピュレ・メゾン」

フレッシュな果汁を調理するイメージで火入れを行う

空焼きしたパート・シュクレに、季節の果物でつくった自家製のピュレを合わせるタルトは、フランス修業時代は身近な菓子でした。このピュレの味をよりおいしくしたいと考え、たどりついたのが、ここで紹介するピュレ・メゾンの製法です。ポイントになるのは、煮汁の扱い方です。果物を煮詰める際に弱火で行うと風味がとんでフレッシュ感が失われてしまうので、最初から強火で。果物から果汁がしっかりと引き出され、グラニュー糖と混ざり合い、煮詰まり、濃厚な煮汁になります。この煮汁を火が入ってやわらかくなった果物が吸うことで、風味がより濃厚になり、失われたように見えた果汁ももどります。その結果、みずみずしさと凝縮感が両立したピュレになるのです。

オレンジとリンゴの酸をぶつけることで、奥行のある味に

ピュレ・メゾンの味の主役はオレンジ。その酸味と香りを深めるためにレモンを合わせていますが、さらにリンゴを入れてコクを出し、味の幅を広げます。リンゴの"淡い酸"とオレンジの"濃い酸"が火入れによってぶつかることで、果物の酸の味わいが複雑になり、オレンジの凝縮した果実味も深まります。

パート・シュクレ*

(直径7.5×高さ1.7cmのタルトリングを使用)

- ・塗り卵(卵黄)……適量
- ＊ 生地の材料とつくり方はP.050「バルケット・ムラング」参照。「つくりやすい分量」で70個分

1 パート・シュクレを、打ち粉(分量外)をしながらシーターで厚さ2.5mmにのばす。直径10cmの円形の抜き型で抜き、直径7.5×高さ1.7cmのタルトリングに敷き込む。型からはみ出た余分な生地をパレットナイフかカードで切り落とす。切り口が、型の外側に向かって斜め下になるように切る。オーブンシートを敷いたプラックに並べ、冷凍庫に20分置いて生地を固める。

2 天板に並べ、ケーキカップなどをのせ、重石を縁まで入れる。ダンパーを開けた180℃のコンベクションオーブンで25分焼成したのち、ケーキカップごと重石を取り、タルトリングをはずして、色づくまで10分焼成する。

- - - - - - - - - -
POINT 水分量の多いガルニチュールを入れても湿気にくいように、しっかりと色づくまで焼いて乾燥させる。
- - - - - - - - - -

3 塗り卵を刷毛で内側全体にていねいに塗る。ダンパーを開けて180℃のコンベクションオーブンでさらに4〜5分焼成して卵にしっかり火を通す。

- - - - - - - - - -
POINT 卵がしっかり乾くまで火を通さないと、冷めてから卵を塗った部分がやわらかくもどり、卵の臭みが出てしまう。
- - - - - - - - - -

ピュレ・メゾン (20個分)

- ・オレンジ……5個
- ・レモン……1個
- ・リンゴ(紅玉)……2個
- ・グラニュー糖*1……94g
- ・LMペクチン*1……6.6g
- ・バター*2……47g
- ・グラン・マルニエ*3……9.4g
- ＊1 よく混ぜ合わせる。グラニュー糖はフルーツの果肉と果汁を合わせた量の10%
- ＊2 グラニュー糖の半量
- ＊3 フルーツの果肉と果汁を合わせた量の1%

1 オレンジとレモンは皮と薄皮を除いて房取りし、残った薄皮を絞って果汁を取り出す。

2 リンゴは皮と芯を除き、ひと口大にカットする。これと、1の果肉と果汁を合わせて940g用意する。

3 銅鍋に2を入れて強火にかけ、合わせたグラニュー糖とペクチンを加えて泡立て器で混ぜる。

4 グラニュー糖とペクチンが溶けたら、バターを加え混ぜる。オレンジの果肉がほぐれて液状になり、吹き上がってくる。焦がさないようにときどき混ぜながら15分加熱する。

- - - - - - - - - -
POINT 3分の2量になるくらいまで煮詰める。火力が弱いと水分が蒸発するのに時間がかかり、風味もとんでしまうので、強火で加熱すること。
- - - - - - - - - -

5 ボウルに移し、粗熱がとれたらグラン・マルニエを加える。スティックミキサーで撹拌してピュレ状にし、ラップをかけて密着させ、冷蔵庫で冷やす。

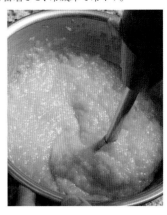

アパレイユ・ミルリトン・ルーアン (18個分)

- 生クリーム(乳脂肪分38%)……320g
- 全卵……120g
- グラニュー糖……100g
- コーンスターチ*……12g
- ヘーゼルナッツのプラリネ(自家製)……80g

* ふるう

1 鍋に生クリームを入れ、全卵、グラニュー糖の順に加えて泡立て器で混ぜる。

2 コーンスターチを加えて混ぜたあと、ヘーゼルナッツのプラリネを加えて混ぜる。

3 2を中〜強火にかけ、泡立て器で絶えず混ぜながら加熱する。78℃になったら火からおろし、混ぜながら80℃まで余熱で火を入れる。

POINT パート・シュクレにしみ込まないようにするため、軽く火を入れてとろみをつける。80℃は卵が殺菌される温度。この状態までとろみがつくと、流しやすく焼成後もきれいに仕上がる。

3 2の粗熱がとれたら、ピュレ・メゾンをパレットナイフで40gずつ上にのせる。縁ですり切るようにし、外側に付いたピュレは指でぬぐってきれいにする。

4 天板にのせ、ダンパーを開けた170℃のコンベクションオーブンで10分焼成して表面を乾かし、冷ます。

POINT 焼成することで表面に膜ができ、のちの工程でキャラメリゼがしやすくなる。

組立て・焼成

1 空焼きしたパート・シュクレに、アパレイユ・ミルリトン・ルーアンを32gずつレードルで入れる。

2 シルパットを敷いた天板にのせ、ダンパーを開けた180℃のコンベクションオーブンで8分焼成する。写真は焼き上がり。

仕上げ

- グラニュー糖……適量

1 ボウルにグラニュー糖を入れ、組立て・焼成-4の上面を下にしてグラニュー糖をまぶす。

2 天板に並べ、バーナーであぶってキャラメリゼする。

POINT キャラメリゼは乾燥を防ぐうえでも必要な工程。

3 2の上面にグラニュー糖をふり、再度バーナーであぶってキャラメリゼする。

噛むほどに
小麦の香りが膨らむ
「ガトー・リジュー」

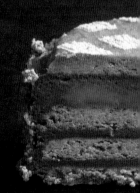

サブレを4枚重ね、ザクザクとした食感をより強く表現する

サブレは砂のように崩れる食感が魅力で、噛むほどに広がる小麦粉の香りが味わいを深めます。サブレ発祥の地ともいわれるフランス・ノルマンディー地方カルヴァドス県の町、リジューでつくられるサブレ・リジューは、シナモンとカソナードを使用したややスパイシーでコクのある味わい。このサブレ4枚の間にクレーム・ショコラをサンドしてプチガトーに仕立てることで、食感と香りの相乗効果をねらいました。

粉の旨みが際立つ2種類の国産小麦粉を配合

サブレに使用する小麦粉は、焼き込むほどに香りが立つ北海道産薄力粉をメインに、全粒粉を10%配合し、噛みごたえと小麦の風味がより強く感じられるようにしました。卵黄でコクを出し、卵白の代わりにカルヴァドスで水分を補う配合にして、主役のサブレの個性を打ち出します。

サブレ発祥の地の特産品で味と香りをつなげる

シナモンで香りをつけたクレーム・ショコラは、クレーム・アングレーズでつくるガナッシュにイタリアンメレンゲを加えてつくります。甘く、やわらかな口あたりで、ザクッとしたサブレの食感との対比を意識しました。リンゴのソテーは、リンゴがカルヴァドス県の特産品であることから選択。カルヴァドスでフランベし、サブレの風味につなげています。

サブレ・リジュー (132枚分／33個分)

- 薄力粉 (ニップン「シリウス」)*1……500g
- 全粒粉 (平和製粉「ゆめちから」)*1……50g
- シナモンパウダー*1……5g
- 塩……4.5g
- バター*2……450g
- 粉糖*3……200g
- ヴェルジョワーズ (テンサイ糖)*3……25g
- 卵黄*4……40g
- カルヴァドス*4……50g

*1 合わせてふるう
*2 2cm角に切って冷やす
*3 合わせる
*4 合わせる

1 ミキサーボウルに合わせてふるった粉類と塩、2cm角に切って冷やしておいたバターを入れる。2cm角のバターの1切れ1切れに粉をまぶす。

2 ビーターを装着し、低速で撹拌する。

3 バターの粒が小さくなり、サラサラとした状態になってきたら、粉糖とヴェルジョワーズを一度に加えてさらに撹拌する。

4 砂糖がいきわたり、全体的にサラサラとした状態になったら、卵黄とカルヴァドスを少しずつ加えながら撹拌する。

5 生地がまとまったらラップに包んで厚さ3cm程度にととのえ、冷蔵庫に1晩置く。

6 5を冷蔵庫から出し、打ち粉 (分量外) をしながらシーターで厚さ3mmにのばす。

7 直径6cmの丸型で円形に抜き、シルパンを敷いた天板に並べる。170℃のコンベクションオーブンで40分焼成する。室温に置いて冷ます。

リンゴのソテー (18個分)

- リンゴ (紅玉)……2個 (皮と芯を除いて340g)
- グラニュー糖*1……34g
- バター*2……10g
- カルヴァドス……17g
- ハチミツ*3……17g

*1 リンゴの重量の10%
*2 リンゴの重量の3%
*3 リンゴの重量の5%

1 リンゴは8等分のくし形に切り、端から包丁で5〜7mmにスライスする。

POINT 厚いと組立ての工程でサブレの間に挟みにくくなる。薄いと、加熱する段階で煮溶けてしまう。

2 鍋に1を入れ、グラニュー糖とバターを加え、ふたをして中火にかける。2分くらい経過し、グツグツと音がして水分が出はじめたらふたを取る。ときどき木ベラで混ぜ、さらに水分が出て鍋底にたまるようになったら強火にし、炒めるようにして混ぜながら、水分がなくなるまで加熱する。

POINT しっかり煮詰めて水分をとばすことが重要。リンゴから出てきた果汁がバターやグラニュー糖と混ざり合って煮詰まり、これをやわらかくなったリンゴが吸うことで風味が濃厚になる。軽く炒めるだけだと、組み立てたあとにリンゴから水分が出てきてしまい、ベチャッとしてしまう。

3 水分が完全にとんだら、カルヴァドスをそそいでフランベする。

4 ハチミツを加え混ぜて火を止め、ボウルに移す。粗熱がとれたらラップをかけて密着させ、冷蔵庫で冷やす。

クレーム・ショコラ(20個分)

- ・卵黄……80g
- ・グラニュー糖……70g
- ・牛乳……200g
- ・生クリーム(乳脂肪分38%)……100g
- ・シナモンスティック……1本
- ・ダークチョコレート(カカオ分71%)*1……160g
- ・カカオバター*1……16g
- ・バター*2……120g
- ・イタリアンメレンゲ(下記の分量でつくり、180g使用)
  - ・グラニュー糖……300g
  - ・水……100g
  - ・卵白……150g

*1 合わせて溶かす
*2 室温に置き、指で押すとへこむ程度にやわらかくする

1 ボウルに卵黄とグラニュー糖を入れ、泡立て器ですり混ぜる。混ざればよい。

2 鍋に牛乳と生クリームを入れ、手で割ったシナモンスティックを入れて強火にかける。沸騰直前に火を止め、泡立て器で混ぜながら、1をとびちらないようにゆっくりと流し入れる。

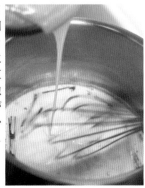

3 ゴムベラで混ぜながら中火で82〜83℃になるまで煮詰めてとろみをつけ、火からおろす。底が焦げないように注意すること。

4 合わせて溶かしたダークチョコレートとカカオバターを入れたボウルに、3をシノワで漉しながらそそぎ、シナモンスティックを取り除く。

POINT 取り出したシナモンスティックは、洗ってオーブンで乾かし、仕上げの工程で使用する。

5 ゴムベラでしっかり混ぜ合わせる。均一な状態になったらボウルの底を氷水にあて、ときどき混ぜながら温度を下げる。42℃になったら氷水からはずしてバターを加え、泡立て器で混ぜて溶かす。バターを混ぜ終えた段階で40℃になるように調整する。

6 同時進行でイタリアンメレンゲをつくる。鍋にグラニュー糖と水を入れて強火にかけ、118〜120℃になるまで煮詰める。

7 6が沸騰しはじめたらミキサーボウルに卵白を入れ、中高速で泡立てはじめる。ボリュームが出て、白っぽくふんわりしてきたら低速にし、6をミキサーボウルの内側側面に沿わせるようにして少しずつそそぐ。

8 高速に切り替えて泡立てる。つやが出て、ホイッパーですくって角がピンと立ったら中速に落とし、28℃に冷めるまで撹拌する。

POINT メレンゲの温度が低いと、次の工程でチョコレートのベースと合わせる際にチョコレートが締まって固まり、きれいに混ざらない。温度が高いと気泡がつぶれやすくなる。どちらの場合も口溶けが悪くなるため、メレンゲは28〜33℃で加えるようにする。

9 5が適温になったらイタリアンメレンゲを加え、泡立て器で底からすくい上げるようにしながら、しっかりと混ぜ合わせる。この段階での状態はゆるいが、チョコレートなので冷えると固まる。

6 5の上にクレーム・ショコラを5gずつ絞り、L字パレットナイフですり切る。

7 4枚目のサブレを、焼き面を上にしてのせ、冷凍庫で冷やし固める。

仕上げ

・シナモンシュガー（つくりやすい分量）
 ・シナモンスティック（クレーム・ショコラで使用後、洗って乾燥させたもの）……2g
 ・粉糖……20g
・サブレ・リジューを砕いたもの……適量

1 シナモンシュガーをつくる。材料を合わせてグラインダーで粉砕し、ふるう。

2 組立て-7を冷凍庫から出し、バーナーで周囲を温めてセルクルをはずす。

3 側面に砕いたサブレ・リジューを手でまぶし付ける。

組立て（直径6.5×高さ3cmのセルクルを使用）

1 オーブンシートを敷いたプラックに直径6.5×高さ3cmのセルクルを並べ、サブレ・リジューを、焼き面を上にして1枚入れる。サブレ・リジューは1個につき4枚使用する。

2 クレーム・ショコラを口径12mmの丸口金を付けた絞り袋に入れ、1に15gずつ絞り入れる。

3 2枚目のサブレ・リジューをのせ、クレーム・ショコラがセルクルの縁まで広がり、サブレの少し上にくるまで押さえる。

4 クレーム・ショコラを15gずつ絞り入れ、同様にして3枚目のサブレを入れる。

5 クレーム・ショコラを10gずつ絞り入れ、リンゴのソテーを20gずつスプーンでのせる。

4 ひし形の模様が出るデコレーションシートを上面にのせ、シナモンシュガーを茶漉しでふる。

POINT 模様をつくるのは、デザインと味の両方を考えてのこと。上面全体にふると甘みが強くなりすぎてしまい、全体の味わいのバランスが崩れてしまう。

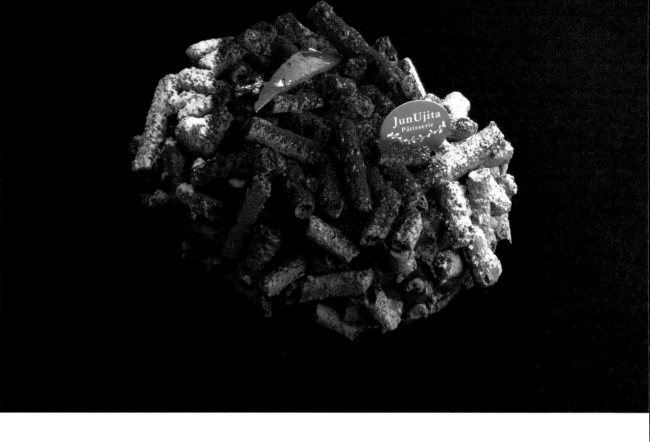

ナッツとオレンジの香りが
チョコレートを引き立てる
「ドワドフェ」

プラリネ入りのチョコムースにオレンジのコンフィをしのばせて
柑橘のさわやかな風味をプラス

フランスの「ルノートル」が考案したチョコレートのムース菓子「コンコルド」のアレンジです。
当店ではクリスマスケーキとして販売することもあります。ココアパウダーを配合し、ディス
ク状に焼いた3枚のメレンゲの間にムース・ショコラを挟み、妖精の指（ドワ・ド・フェ）に見立て
たメレンゲをランダムに貼り付けています。オリジナルと異なるのは、ムースにプラリネ・ノ
ワゼットを配合し、オレンジのコンフィをサンドした点。ナッツのこうばしさと柑橘のほろ苦
さとさわやかさが、チョコレートの味わいを深めます。

ムラング・スイス・カカオ (4台分)

- 卵白……150g
- グラニュー糖……300g
- 粉糖*……60g
- ココアパウダー*……35g

＊ 合わせてふるう

1 ミキサーボウルに卵白とグラニュー糖を入れて中火にかけ、泡立て器で混ぜながら50℃まで加熱する。

2 1をミキサーにセットしてホイッパーを装着し、中速で泡立てる。全体につやが出て、ホイッパーですくうと角ができ、少し垂れるくらいの状態になったらミキサーからはずす。

3 合わせてふるった粉糖とココアパウダーを加え、ゴムベラでさっくりと混ぜ合わせる。

4 口径6mmの丸口金を付けた絞り袋に3を入れ、オーブンシートを敷いた天板の上に、直径12cmの円形になるよう、中央から渦巻き状に12枚絞る(1台につき3枚使用)。残りは長さ5cmの棒状に絞る。

5 140℃のデッキオーブンに入れ、ダンパーを開けて、30分焼成する。オーブンのスイッチを切り、そのまま余熱で1晩乾燥させる。

ムース・ショコラ (4台分)

- パータ・ボンブ
  - グラニュー糖……100g
  - 水……33g
  - 卵黄……66g
- 生クリーム(乳脂肪分42%)*……220g
- A ダークチョコレート(カカオ分71%)……77g
  - カカオマス……77g
  - プラリネ・ノワゼット(自家製)……44g
- ラム酒……18g

＊ 冷蔵庫で冷やす
A 合わせて湯煎で溶かし、45℃に調整する

1 パータ・ボンブをつくる。鍋にグラニュー糖と水を入れて強火にかけ、115℃まで煮詰める。

2 ボウルに卵黄を入れて溶きほぐし、1を少しずつそそぎながら泡立て器で混ぜる。

3 2をシノワで漉してミキサーボウルに入れ、ミキサーにセットする。

4 ホイッパーを装着し、中速で撹拌する。白っぽくとろとろと流れる状態になり、かつ冷めるまで撹拌する。温度の目安は26℃。

5 別のミキサーボウルに生クリームを入れてミキサーにセットし、ホイッパーで6分立てにする。すくい上げるととろとろと流れ、積もってすぐ消える状態が目安。

6 溶かして45℃に調整したAに4のパータ・ボンブを加え、ゴムベラで混ぜる。ラム酒も加え混ぜる。

7 6が完全に混ざりきる前に、5の3分の1量を加え、泡立て器でしっかりと混ぜ合わせる。

8 7を5の残りに戻し、泡立て器で混ぜ残しがないように底からしっかりとすくい上げるようにしながら混ぜ合わせる。

組立て・仕上げ (4台分)

- 自家製オレンジコンフィ(サンド用)*……60g
- ココアパウダー……適量
- 粉糖……適量
- 自家製オレンジコンフィ(飾り用)……適量

＊ 材料とつくり方はP.077「リ・オ・レ・ア・ラ・カタルーニャ」参照

1 サンド用のオレンジコンフィは細かく刻む。

2 板の上に円形に焼成したムラング・スイス・カカオを、焼き面を上にして1枚置き、ムース・ショコラ50gをのせ、パレットナイフで塗り広げる。オレンジコンフィ7.5gをちらす。

3 2枚目のムラング・スイス・カカオをのせて軽く押さえ、2と同様にムース・ショコラを塗り、オレンジコンフィをちらす。

4 3枚目のムラング・スイス・カカオを重ね、残りのムース・ショコラを上面にのせてパレットナイフでざっとならす。側面に落ちたムースで、側面を均一な厚さに塗る。

5 棒状に焼成したムラング・スイス・カカオを適宜手で折って表面に接着する。

6 茶漉しでココアパウダー、粉糖の順にふり、三角形にカットした飾り用のオレンジコンフィを飾る。

オレンジとラム酒の
ふくよかな香りを楽しむ
「サバラン」

全粒粉とライ麦粉を配合した風味豊かな生地に
シロップをたっぷりしみ込ませる

口の中でジュワッと広がる芳醇なシロップが特徴のサバラン。パータ・サバランは、強力粉に対して全粒粉とライ麦粉を各1割ずつ配合し、粉の香りとほのかな酸味で存在感を打ち出しました。水分量を多くして充分に撹拌し、シロップが浸透しやすいようグルテンの網目をしっかり形成させることが製造のポイントです。口溶けのよい生地に、ラム酒とオレンジ果汁を使ったシロップをたっぷりしみ込ませました。クレーム・シャンティイの乳の旨みが、全体をまろやかにまとめます。

パータ・ブリオッシュ
（直径6×高さ2cmのサバラン型を使用／28個分）

- ・強力粉*1……270g
- ・全粒粉*1……27g
- ・ライ麦粉*1……27g
- ・水*2……14g
- ・インスタントドライイースト(サフ/金)*2……7g
- ・グラニュー糖……11g
- ・塩……7g
- ・全卵……360g
- ・バター*3……130g
- ・型用バター*3……適量

*1 それぞれふるって合わせる。全粒粉は、ふるいに残ったふすまを取り分けておく。ふすまも使う
*2 水を30℃に温め、インスタントドライイースト全量と、上記分量から取り出したひとつまみのグラニュー糖を加え混ぜたのち、5分おいて予備発酵させる
*3 室温に置き、ポマード状にする

1 ミキサーボウルに強力粉、全粒粉、ライ麦粉、予備発酵させたインスタントドライイーストと水、残りのグラニュー糖、塩、全卵を入れ、ビーターを装着し、低速で撹拌する。粉類がとびちらなくなったら中速にし、ミキサーボウルの内側側面から生地がすべてはがれる状態になるまで撹拌する。

2 中高速に切り替えて、バターを2回に分けて加え混ぜる。

3 バターが混ざったら低速に落とし、取り分けておいた全粒粉のふすまを加える。

4 中高速に切り替えて撹拌する。生地がボウルの内側側面からはがれ、ひとまとまりになったらミキサーを止める。

5 ボウルに移し、カードで軽く生地を転がしながら表面が張るように丸める。ラップをして冷蔵庫に12時間入れ、一次発酵させる。一次発酵後は1.5倍に膨らむ。

6 5の表面に打ち粉(分量外)をし、拳でしっかりと全体をたたいてガス抜きをする。

7 カードで25gずつ分割し、手のひらでたたいてガスを抜く。打ち粉をし、手で軽く握るようにしながら作業台の上で丸める。生地の表面がピンと張ったなめらかな状態にする。

8 直径6×高さ2cmのサバラン型の内側に型用バターを塗り、7を入れる。型を作業台に軽く打ちつけて中の空気を抜き、上面を指でととのえる。

9 25℃・湿度45%の室内に1時間置き、最終発酵させる。生地が型の高さより少し出るまで膨らんだ状態が目安。

10 200℃のデッキオーブンに入れ、ダンパーを開けて25分焼成する。オーブンから取り出し、室温に置いて冷ます。

コンフィチュール・アブリコ
（28個分）

- ・アプリコットのピュレ……400g
- ・水……100g
- ・レモン果汁……10g
- ・グラニュー糖*……400g
- ・LMペクチン*……10g

* よく混ぜ合わせる

1 鍋にアプリコットのピュレ、水、レモン果汁、合わせたグラニュー糖とペクチンを入れて強火にかけ、泡立て器で混ぜる。

2 グラニュー糖が溶けて沸騰したら火を止め、ボウルに移す。粗熱がとれたらラップをかけて密着させ、冷蔵庫で冷やす。

漬け込み用シロップ（つくりやすい分量）

- ・水……1000g
- ・グラニュー糖……500g
- ・オレンジ果汁……500g

1 鍋に水、グラニュー糖、オレンジ果汁を入れて強火にかけ、泡立て器で混ぜる。グラニュー糖が溶けて沸騰したら火を止める。

組立て・仕上げ（つくりやすい分量）

- ・ラム酒(ネグリタラムとバカルディを1対1で合わせる)……漬け込み用シロップの1.5倍の重量
- ・クレーム・シャンティイ*1……適量
- ・バニラシュガー*2……適量
- ・オレンジのジュリエンヌ*3……適量

*1 乳脂肪分47%の生クリームに10%加糖し、9分立てに泡立てたもの
*2 使い終わったバニラのサヤを粉砕してグラニュー糖と合わせる
*3 せん切りにしたオレンジの表皮をボーメ30度のシロップでさっと煮たもの

1 漬け込み用シロップを38℃に温める。

2 パータ・ブリオッシュを1に浸して全体にしっかりとしみ込ませてから、手でギュッと絞って余分なシロップをきる。

3 2をラム酒に浸して引き上げ、容器に入れる。コンフィチュール・アブリコを表面に刷毛で塗る。

4 クレーム・シャンティイを6切・口径15mmの星口金を付けた絞り袋に入れ、3の上にこんもりと絞る。

5 バニラシュガーを茶漉しでふり、オレンジのジュリエンヌを飾る。

ラム酒の香りが際立つ
「クレーム・ブリュレ」

濃厚なテクスチャーとラム酒の香りで大人の味わいに

卵と乳製品、砂糖を合わせて湯煎焼きにする菓子「クレーム・キャラメル」(P.060)とは異なり、クリームのようななめらかな食感が特徴のクレーム・ブリュレ。卵黄のみを使用することでこのテクスチャーを生み出し、乳製品は生クリームを主体にして、ミルキーでリッチな味わいを打ち出しました。ここにたっぷりのラム酒を加えているのが、当店のクレーム・ブリュレの特徴です。とろけるような濃厚なテクスチャーと、口中に広がる芳醇な香りで、大人向けのデザートに仕立てています。

クレーム・ブリュレ

(口径6.5×高さ5cm・容量120mℓのアルミカップを使用／14個分)

- 牛乳……250g
- 生クリーム(乳脂肪分38%)……1000g
- バニラペースト……小さじ1/4
- 卵黄……250g
- グラニュー糖……150g
- ラム酒……60g
- カソナード……適量

1 鍋に牛乳、生クリーム、バニラペーストを入れて強火にかけ、沸騰させる。

2 ボウルに卵黄とグラニュー糖を入れて泡立て器ですり混ぜ、グラニュー糖を溶かす。1を3回に分けて加え混ぜる。

3 シノワで漉してボウルに移し、ラム酒を加える。ボウルの底を氷水にあてながら混ぜ、粗熱がとれたらラップをかけて密着させる。冷蔵庫で1晩冷やす。

4 深めのトレーに底から3cm程度の高さまで湯を張り、口径6.5×高さ5cm・容量120mℓのアルミカップを並べる。

5 3をカップの9分目まで流す。表面が乾かないように網をのせてシルパットをかぶせ、160℃のデッキオーブンに入れ、ダンパーを開けて45分湯煎焼きする。オーブンから取り出し、粗熱がとれたら冷蔵庫で冷やす。

6 表面にカソナードをふり、バーナーであぶってキャラメリゼする。2回行う。

香り高いシロップを添えて
デザート感覚の1品に
「クグロフ・ペルデュ」

余ったクグロフにひと手間加え、
オレンジとラム酒のシロップと組み合わせて商品化

パータ・ブリオッシュにラムレーズンを配合して焼成するクグロフ。これが店で残った際、ラム酒のシロップに浸して食べておいしかったことから商品化しました。1晩おいたクグロフに粉糖をまぶし、捨て窯で火を入れ、白く結晶化させて食感と甘みをプラス。これを切り分けてオレンジのシロップにくぐらせ、オレンジとラム酒のシロップとともに容器に入れ、好みでシロップに浸しながら食べてもらうという仕立てにしました。1つの生地で、異なる食感や香りを楽しんでもらおうという趣向です。クレーム・シャンティイのミルキーな甘さがアルコール感をやわらげます。

パータ・クグロフ

（直径 10.5 × 高さ 6.5cm のクグロフ型 9 個使用／36 個分）

- 強力粉*1……250g
- 薄力粉*1……125g
- 全粒粉*1……62.5g
- 水*2……20g
- インスタントドライイースト（サフ／金）*2……6.5g
- グラニュー糖……35g
- 塩……8g
- 全卵……360g
- バター*3……200g
- ラムレーズン……135g
- 型用バター*3……適量
- 塗り卵*4……適量
- 粉糖……適量

*1 それぞれふるって合わせる。全粒粉は、ふるいに残ったふすまを取り分けておく。ふすまも使う
*2 水を30℃に温め、インスタントドライイースト全量と、上記分量から取り出したひとつまみのグラニュー糖を加え混ぜたのち、5分おいて予備発酵させる
*3 室温に置き、ポマード状にする
*4 全卵と水を3対1で混ぜ合わせたもの

1 つくり方は「タルト・サントロペ」（P024）のパータ・ブリオッシュの工程 **1 〜 5** 参照。工程 **3** と **4** の間でラムレーズンを加える。

2 型用バターを、型の内側に刷毛でしっかりと塗る。

3 一次発酵後の生地の表面に打ち粉（分量外）をし、拳でしっかりと全体をたたいてガス抜きをする。カードで 130g ずつ分割し、手のひらでたたいてガスを抜く。打ち粉をし、両手で転がしながら作業台の上で丸める。生地の表面がピンと張ったなめらかな状態にする。

4 中心に指で穴をあけ、バターを塗った型に入れる。25℃・湿度 45％の室内に 1 時間 30 分置き、最終発酵させる。生地が型の縁まで広がり、型の高さより少し出るまで膨らんだ状態が目安。

5 表面に刷毛で塗り卵を塗り、240℃のデッキオーブンで、ダンパーを開けて 25 分焼成する。すぐに型から出し、冷ます。

6 翌日、バットに入れた粉糖の上に転がして、紛糖を全体にまぶす。天板に並べて 240℃のデッキオーブンに入れ、粉糖が溶けて結晶化するまで 5 分火を入れる。

漬け込み用シロップ（つくりやすい分量）

- 水……1000g
- グラニュー糖……500g
- オレンジ果汁……500g

1 鍋に水、グラニュー糖、オレンジ果汁を入れて混ぜながら強火にかけ、グラニュー糖が溶けて沸騰したら火を止める。

シロップ（10 個分）

- オレンジ果汁……100g
- シロップ（ボーメ30度）……100g
- ラム酒……100g

1 材料をすべて混ぜ合わせる。

組立て・仕上げ（つくりやすい分量）

- クレーム・シャンティイ*……適量

* 乳脂肪分 47％の生クリームに 10％加糖し、9 分立てに泡立てたもの

1 漬け込み用シロップを 38℃に温める。

2 パータ・クグロフ-6 を 4 等分にカットする。**1** に浸して全体にシロップをしみ込ませる。焼き面を下にして容器に入れ、シロップ 30g をそそぐ。

3 クレーム・シャンティイを 6 切・口径 15mm の星口金を付けた絞り袋に入れ、**2** の上に絞る。

自家製チョコレートへのこだわり

2016年より、カカオ豆の焙煎から手がける自家製チョコレートづくりを行っています。チョコレートは身近な製菓材料。カカオ豆からどうやってチョコレートをつくるのか、プロとして知っておくべきことではないかと思ったのがきっかけでした。輸入業者から世界各国の産地のカカオ豆を仕入れ、試行錯誤しながらタブレットやボンボン・ショコラをつくり、今ではプチガトーに使うチョコレートのほとんどに自家製を採用しています。

プチガトー用のもっとも基本的な自家製チョコレートは、おもにコロンビア、マダガスカル、ガーナ、ベネズエラ、インドの5つの産地のカカオ豆からつくったチョコレートのブレンドです。コロンビア産はオレンジや乳製品の華やかな香り、マダガスカル産はバニラやナッツ、インド産はパッションフルーツに似た酸味があるなど産地ごとに特徴があります。シングルオリジンのカカオ豆でつくる自家製チョコレートを生菓子に使用することもあります。

基本となる自家製チョコレートのカカオ分は71％と決めています。ちなみにカカオ分とは、チョコレートに含まれるカカオマスやココアパウダー、カカオバターなどカカオ由来の原料（水分を除く）の合計の割合を示したものです。カカオ分71％の場合、残り29％が砂糖などの副材料となります。重要なのは、このカカオ分の中での、固形分（カカオマス）と油脂分（カカオバター）のバランス。同じカカオ分71％でも、固形分の割合が多ければカカオの風味が強く出ますし、油脂分の割合が多くなれば流動性が高く、口溶けがなめらかになります。当店の自家製チョコレートは市販のクーベルチュールに比べてカカオバターが少なく、カカオマスが多い配合。ほかの素材と合わせることを前提とし、こうばしさ、苦み、酸味、甘みのバランスを考えていきつきました。カカオの風味が鮮明で力強く、深みがあり、味わいにも重厚感が出ていると思います。

めざす菓子の味や個性に合わせ、カカオマスやカカオバターを足して調整することもあります。たとえば、4枚のサブレの間に自家製チョコレートを使ったクレーム・ショコラをサンドする「ガトー・リジュー」（P.083）。フォークを入れたときにサブレの固さに耐えうる適度な保形性をもちながらも、口の中ではスーッと溶けるテクスチャーにしたかったため、市販のカカオバターを足しました。

また、「ビュッシュ・ド・ノエル・ショコラ・フランボワーズ」（P.100）では、生地に塗るムース・ショコラにカカオマスを足しています。これは、カカオの香りを強くして、ムースの輪郭を出すため。使用量は少ないながらも、全体の中で埋もれない存在感を出すようにしました。このように、つくりたい菓子を表現できる点が、自家製チョコレートの魅力だと思います。

4

素材のマリアージュを味わう

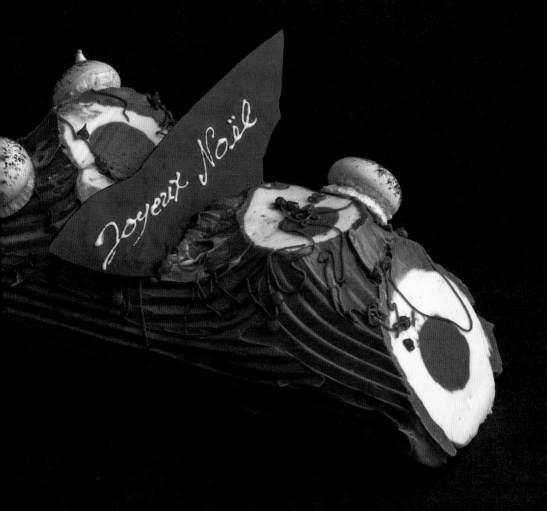

フランボワーズ × アーモンド × バター

「ビュッシュ・ド・ノエル・ショコラ・フランボワーズ」

主役のチョコレートの背後に感じる、3つの副素材の味

パート・ダマンド・クリュを混ぜてしっとり感とコクをプラスしたカカオ風味のビスキュイに、フランボワーズ・ペパンを塗り、ムース・ショコラを巻き、表面にはチョコレート味のクレーム・オ・ブールを絞っています。味として強く感じるのはチョコレートですが、その背後にフランボワーズ、アーモンド、バターという副素材がバランスよく感じられるように構成。子どもから大人まで幅広く愛されるクリスマスケーキに仕上げています。

それぞれのパーツの"口溶け"を計算し、一体感のある味わいに

ビスキュイ、ムース、クレーム・オ・ブールが組み合わさった一体感がこのビュッシュの魅力です。ビスキュイは、メレンゲの合わせ方を工夫してふんわりとしたテクスチャーに。ムースは、チョコレートの混ぜ残しをつくらないように気をつけます。クレーム・オ・ブールは材料の温度帯と固さをそろえて合わせることで、なめらかで軽やかな口溶けに仕上げます。

みずみずしいフランボワーズの味わいが"抜け"をつくる

チョコレートづくしで濃厚そうな見た目ですが、ビスキュイに塗ったフランボワーズ・ペパンの効果で、酸味も感じ食べやすい仕上がりに。冷凍フランボワーズと砂糖とペクチンを合わせてさっと火を入れてとろみをつけた、ジュレとコンフィチュールの中間のようなパーツです。みずみずしさとプチプチとした種の食感が、全体にキレと抜け感をつくり出します。

ビスキュイ・アマンド・ショコラ

（60×40cmの天板1枚分／4台分）

- ・パート・ダマンド・クリュ（市販品）……180g
- ・卵黄……100g
- ・全卵……55g
- ・粉糖*1……115g
- ・卵白……145g
- ・グラニュー糖……55g
- ・薄力粉*2……65g
- ・ココアパウダー*2……25g
- ・バター*3……50g

＊1 ふるう
＊2 それぞれふるって合わせる
＊3 溶かして50℃に調整する

1 小さいボウルにパート・ダマンド・クリュと、卵黄の半量を入れ、ゴムベラでほぐしながらなめらかになるまで混ぜる。

2 ミキサーボウルに残りの卵黄と全卵、**1**、粉糖を入れ、ホイッパーを装着し、最初は低速で、粉糖がとびちらなくなったら高速に切り替えて撹拌する。空気を含んで白っぽくなり、ボリュームが出てホイッパーの筋がしっかり残るくらいの状態になったら、ミキサーからはずす。

- - - - - - - -
POINT メレンゲができ上がったら、ダレないうちにすぐに合わせたいので、ベースを用意しておく。

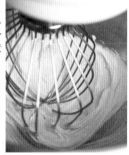

3 **2**を撹拌しはじめて30秒ほど経ったら、別のミキサーボウルに卵白とグラニュー糖の3分の1量を入れ、ホイッパーを装着して高速で泡立てる。白っぽくなりボリュームが出てきたら、残りのグラニュー糖を2回に分けて加え、角がピンと立つメレンゲをつくる。

4 メレンゲの3分の1量を**2**に加え、ゴムベラで切るようにして混ぜる。

5 完全に混ざりきる前に、合わせておいた薄力粉とココアパウダーを加えて混ぜる。

6 8割程度混ざったら（写真）、溶かしたバターを加え、さらに混ぜる。

7 均一に混ざったら残りのメレンゲを加え、ボウルの底からすくい上げるようにしながら混ぜる。

- - - - - - - -
POINT バターの油脂分がメレンゲの気泡をつぶしてしまうため、バターを入れたら手ばやく、かつていねいに合わせる。混ぜ終わりは、多少メレンゲの泡が見えていてもよい（写真）。のちに天板に広げる間になじんでいく。

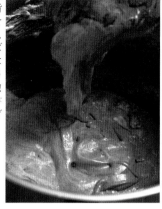

8 オーブンシートを敷いた天板に流し、L字パレットナイフで平らにならす。230℃のデッキオーブンで11分焼成し、室温に置いて冷ます。焼き上がったばかりの生地は巻くと割れやすいため、乾燥しないようにビニール袋などに入れて1晩おく。

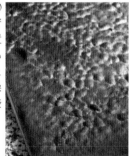

組立て1

- ・フランボワーズ・ペパン*……200g（4台分）

＊ 材料とつくり方はP.026「タルト・サントロペ」参照

1 ビスキュイ・アマンド・ショコラのオーブンシートをはがし、焼き面を下にして板の上に横長に置き、長辺を縦半分に包丁でカットする（カットした1枚が2台分になる）。

2 カットしたビスキュイの大きさに合わせたサイズのオーブンシートを2枚敷いた板の上に**1**を、それぞれ焼き面を上にしてのせ、カットした部分をつなげて並べておく。

3 フランボワーズ・ペパンを1枚につき100gのせ、L字パレットナイフで薄く塗り広げる。

ムース・ショコラ (4台分)

- パータ・ボンブ (下記の分量でつくり、135g使用)
  - グラニュー糖……65g
  - 水……21g
  - 卵黄……70g
- 生クリーム (乳脂肪分38%) *1……200g
- ダークチョコレート (カカオ分71%) *2……125g
- カカオマス*2……25g

*1 冷蔵庫で冷やす
*2 合わせて湯煎で溶かして50℃に調整する

1 パータ・ボンブをつくる。鍋にグラニュー糖と水を入れて強火にかけ、115℃まで煮詰める。

POINT 115℃より温度が高くなると、そそいだときに卵黄に火が通って凝固してしまう。

2 ボウルに卵黄を入れて溶きほぐし、1を少しずつそそぎながら、泡立て器で混ぜる。

3 シノワで漉しながらミキサーボウルに入れる。

4 ホイッパーを装着し、中速で撹拌する。白っぽく、とろとろと流れる状態になり、かつ冷めるまで撹拌する。温度の目安は26℃。

5 別のミキサーボウルに生クリームを入れ、ホイッパーで6分立てにする。ホイッパーですくい上げると、とろとろと流れ、積もってすぐ消える状態が目安。

6 溶かして50℃に調整したダークチョコレートとカカオマスに4のパータ・ボンブを加え、ゴムベラで混ぜる。

POINT チョコレートの温度が低いと、パータ・ボンブと合わせたときに固まってしまう。ただし、温度が高すぎても、次に生クリームを加えたときに分離するので注意が必要。

7 6が完全に混ざりきる前に、5の3分の1量を加え、泡立て器でしっかりと混ぜ合わせる。

8 7を5の残りに戻し、泡立て器で混ぜ残しがないよう、底からすくい上げるようにしながらしっかりと混ぜ合わせる。

POINT チョコレートのベースのほうに生クリームを全量加えると、ボウルの底にチョコレートが残りやすいため、一部混ぜ合わせたものを生クリームに戻す。

POINT チョコレートが全体にいきわたって均一な状態になるようにする。チョコレートだけが部分的に残るとそこだけ固まり、食べたときに違和感が出る。また、しっかり合わさっていないと、あとから生クリームが分離することもある。

組立て2

1 組立て1-3の上にムース・ショコラを半量ずつのせ、L字パレットナイフで塗り広げる。

POINT 左右の端 (巻いたときに中心になる部分) は、クリームは少し薄めに塗ると巻きやすい。

2 クリームを薄めに塗った端が手前にくるように板を90度回転させる。手前の端を巻きやすいように少し折り込んで芯をつくり、オーブンシートを持って前に押し出すようにしながら、左右が均等な太さになるように巻いていく。

3 巻き終わりを下にして置き、手で押さえて形をととのえ、オーブンシートを巻いて奥に定規をあててしっかりと押さえて締める。紙を巻き付けたまま冷蔵庫で冷やし固める。

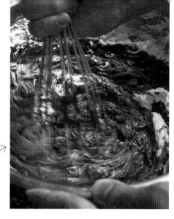

2 組立て 2-3 を横長に置き、中央に縦に包丁を入れて2等分にカット。2台分となる。切り口でないほうの端を1cm切り落としたあと、さらに底が長くなるように斜めにカットし、全体の長さが18cmになるようにする。

3 切り落とした部分を大小の幹から切り落とした枝の根元に見立てて、ロール状の土台の上にのせる。

4 3を回転台にのせ、取り分けた40gのクレーム・オ・ブールを口径12mmの丸口金を付けた絞り袋に入れ、両サイドの切り口の縁と、枝の根元の上面にリング状に絞る。残ったクレーム・オ・ブールは2つに分けて小さいボウルに入れ、それぞれ赤と緑の食用色素で着色する。

5 口径12mmの丸口金を付けた別の絞り袋にチョコレート味のクレーム・オ・ブールを少量入れ、4で絞ったクリームの中央に絞る。

6 幅16mmの平口金を付けた絞り袋に残りのチョコレート味のクレーム・オ・ブールを入れ、5の側面と上面、枝の根元の周りに絞る。

仕上げ（1台分）

- ・クレーム・オ・ブール＊1……200g
- ・ダークチョコレート（カカオ分71%）＊2……32g
- ・食用色素（赤・緑）……適量
- ・ココアパウダー……適量
- ・キノコ形のメレンゲ……適量
- ・チョコレートのプレート……1枚

＊1 材料とつくり方はP.016「ガトー・ダマンド」参照
＊2 湯煎で溶かして42℃に調整する

1 クレーム・オ・ブールは40gを取り分け、そのまま4で使用する。溶かしたダークチョコレートに残りのクレーム・オ・ブール160gの3分の1量を合わせ、泡立て器で混ぜる。これを残りのクレーム・オ・ブールのボウルに戻してしっかりと混ぜ合わせ、チョコレート味のクレーム・オ・ブールをつくる。

- -
POINT ダークチョコレートと合わせるときのクレーム・オ・ブールの温度は22℃。チョコレートのボウルにクレーム・オ・ブールを全量加えて混ぜると混ぜ残しができやすいので、一部を合わせたら、クレーム・オ・ブールのボウルに戻して混ぜる。

7 パレットナイフで全体をならし、三角コームで木肌のような模様をつける。冷蔵庫で冷やし固める。

8 バーナーで温めた包丁で両側の切り口と枝の根元の上面を平らにカットし、きれいな面を出す。

9 着色した赤と緑のクレーム・オ・ブールをそれぞれコルネに入れて先端をカットし、緑のほうを蔦に見立てて表面に絞り、赤いほうを木の実に見立てて蔦の周辺に丸く絞る。

10 ココアパウダーをふったキノコ形のメレンゲと、チョコレートのプレートを飾る。

洋ナシ × アーモンド

「タルト・ドートンヌ」

すべてのパーツにアーモンドを配合

パート・シュクレ、アパレイユ、果物のガルニチュールで構成する当店の定番タルト。ここで紹介するのは、洋ナシとリンゴを使った秋バージョンです。全体の味わいをまとめているのはアーモンド。パート・シュクレにはアーモンドパウダー、アパレイユと、表面に重ねたクレーム・シャンティイにはパート・ダマンド・クリュをそれぞれ配合しています。ガルニチュールにはアパレイユから濃厚なアーモンドの味わいが移るという趣向です。

ガルニチュールは"ちょっと少ない"くらいが適量

ガルニチュールの洋ナシとリンゴは、味を凝縮させるために火を入れます。考え方は「タルト・ピュレ・メゾン」(P.079)と同じで、"果汁を果物にもどす"イメージで炒め煮に。洋ナシは、適度な歯ごたえがあり、酸味と甘みのバランスがよい、市販のシロップ煮を使用しています。アパレイユをしっかり味わってもらいたい菓子なので、ガルニチュールは一見少ないくらいの量でちょうどよいと思います。量が多いとアパレイユの存在感が薄くなってしまいます。

パート・シュクレは"器"をイメージして厚さ2mmに

ここでのパート・シュクレは、タルト台というより、アパレイユをたっぷり食べてもらうための器というイメージです。厚くすると存在感が際立ってしまうので、2mmと薄くしています。そのぶん割れやすいので、アパレイユを流す際は注意が必要です。

パート・シュクレ*

（直径7.5×高さ1.7cmのタルトリングを使用）

- 塗り卵（卵黄）……適量
- ＊ 生地の材料とつくり方はP.050「バルケット・ムラング」参照。「つくりやすい分量」で78個分

1 パート・シュクレを、打ち粉（分量外）をしながら シーターで厚さ2mmにのばす。直径10cmの円形の抜き型で抜き、直径7.5×高さ1.7cmのタルトリングに敷き込む。型からはみ出た余分な生地をパレットナイフかカードで切り落とす。切り口が、型の外側に向かって斜め下になるように切る。オーブンシートを敷いたプラックに並べ、冷凍庫に20分置いて生地を固める。

2 天板に並べ、ケーキカップなどをのせ、重石を縁まで入れる。ダンパーを開けた180℃のコンベクションオーブンで22分焼成したのち、ケーキカップごと重石を取り、タルトリングをはずして、色づくまで10分焼成する。

POINT 水分量の多いガルニチュールを入れても湿気にくいように、しっかりと色づくまで焼いて乾燥させる。

3 塗り卵を刷毛で内側全体にていねいに塗る。ダンパーを開けて180℃のコンベクションオーブンでさらに4〜5分焼成して卵にしっかり火を通す。

POINT 卵がしっかり乾くまで火を通さないと、冷めてから卵を塗った部分がやわらかくもどり、卵の臭みが出てしまう。

ガルニチュール（26個分）

- 洋ナシのシロップ煮（市販品）*……260g
- リンゴ（皮と芯を除く）……260g
- バター……33g
- グラニュー糖……64g
- ＊ 汁けをしっかりきる

1 洋ナシとリンゴはひと口大にカットする。

2 フライパンにバターを入れて中火にかける。バターが溶けたら1とグラニュー糖を加え、木ベラで炒めるように混ぜる。

3 果物から水分が出てフライパンの底にたまるようになったら強火にし、ときどき木ベラで混ぜながら火を入れる。

POINT 火入れは果実味を凝縮させるために行う。火力が弱いと水分が蒸発するのに時間がかかるので、強火で加熱すること。

4 果物が水分を吸って膨らみ、つやが出てきたら火を止める。

5 ボウルに移し、粗熱がとれたらラップをして、冷蔵庫に1晩置いて味をしみ込ませる。

アパレイユ（26個分）

- 卵黄……140g
- グラニュー糖……70g
- パート・ダマンド・クリュ（市販品）*……70g
- 生クリーム（乳脂肪分38%）……400g
- 牛乳……100g
- バター……50g
- 塩……0.3g
- ブランデー（ボージュ「コニャックV.S.O.P.」）……50g
- ＊ 電子レンジなどで軽く温め、やわらかくする

1 ボウルに卵黄とグラニュー糖を入れ、泡立て器でよく混ぜる。

2 別のボウルにやわらかくしたパート・ダマンド・クリュを入れ、1を少しずつ加えながら、ゴムベラで押すようにしながら練り混ぜる。

3 全体がなじんでペースト状になったら泡立て器に持ち替え、均一な状態になるまで混ぜる。

4 鍋に生クリーム、牛乳、バター、塩を入れて中火にかけ、70℃になるまで加熱する。

5 3を4に静かに加え、泡立て器で混ぜる。

6 クレーム・アングレーズを炊く要領で、泡立て器で手ばやく混ぜながら火を通す。火加減は中火。80℃まで煮詰めてとろみがついたら火を止め、余熱で82〜83℃になるまでゴムベラで底からすくい上げるようにしながら混ぜる。

7 シノワで漉しながらボウルに移す。ボウルの底を氷水にあて、ときどき混ぜながら粗熱をとる。

8 ブランデーを加え混ぜる。ラップをして冷蔵庫に1晩置く。

POINT 1晩置くと状態が安定し、混ぜる際に入った気泡が抜け、口あたりがなめらかになる。

組立て

1 空焼きしたパート・シュクレにガルニチュールを20gずつスプーンで入れ、シルパットを敷いた60×40cmの天板に並べる。

2 アパレイユを30gずつレードルで流し入れる。

POINT パート・シュクレが通常より薄いため、力を入れると割れやすいので注意して作業をする。

3 170℃のデッキオーブンで15分焼成。オーブンから取り出し、室温に置いて冷ます。

アマンド・クリスタリゼ（つくりやすい分量）

・グラニュー糖……150g
・水……50g
・塩……0.5g
・皮付きスライスアーモンド（生）……300g

1 鍋にグラニュー糖、水、塩を入れて中〜強火にかけ、114℃まで煮詰める。

2 火を止め、スライスアーモンドを加え、木ベラでサラサラとした状態になるまで混ぜる。

3 オーブンシートを敷いた天板にあけて広げ、180℃のコンベクションオーブンで12分、ときどき全体を混ぜて均一な焼き色がつくまで焼成する。

POINT オーブンで火を入れることで均一に焼き色がつく。味わいもこうばしくなる。

クレーム・シャンティイ・ダマンド（6個分）

- ・パート・ダマンド・クリュ（市販品）*……50g
- ・生クリームA（乳脂肪分38%）……25g
- ・ブランデー（ボージュ「コニャックV.S.O.P」）……13g
- ・生クリームB（乳脂肪分47%）……80g
- ・グラニュー糖……8g
- ＊ 電子レンジなどで軽く温め、やわらかくする

1 ボウルにやわらかくしたパート・ダマンド・クリュを入れ、生クリームAを少しずつ加え、ゴムベラで押すようにしながらペースト状になるまで練り混ぜる。

POINT 5の作業でクレーム・シャンティイと合わせたときに分離しやすいので、ここでしっかり混ぜ合わせる。ザラザラとしたパート・ダマンド・クリュの粒が残っていてもよい。

2 ブランデーを加え、泡立て器に持ち替えて混ぜる。

3 別のボウルに生クリームBとグラニュー糖を入れ、泡立て器でとろんとした状態になるまで泡立てる。目安は6分立て。

4 3を2に加え混ぜる。

POINT ここで生クリームを加える前にパート・ダマンドの熱がとれていることが重要。温かい状態で加えると、分離する。

5 9分立てになるまでしっかりと泡立てる。

仕上げ

- ・洋ナシのシロップ煮（市販品、半割）…… 適量
- ・粉糖……適量

1 組立て-3にクレーム・シャンティイ・ダマンドを18gずつのせ、厚さ5mmになるようにパレットナイフで平らにならす。

2 洋ナシのシロップ煮は1個を6～8等分に切り、バーナーで軽くあぶって焦げ目をつける。

POINT 水分をとばし、焦げ目をつけて表情を出すために行う。

3 1の上にアマンド・クリスタリゼを、中央をあけて5～6個ずつちらす。中央に2を1個ずつのせる。

4 さらにアマンド・クリスタリゼを5～6個ずつのせ、粉糖を茶漉しでふる。

栗 × フリュイ・ルージュ

「タルト・マロン・
フリュイ・ルージュ」

イチゴとフランボワーズのやさしい酸味で栗のコクを引き出す

栗を使った菓子の代表、モンブランにひと工夫したいと考えてつくったプチガトーです。コクのある栗の風味を引き出すための副素材としてカシスは定番ですが、酸味が強く、場合によっては栗より主張が強くなることも。そこで選んだのは赤い果実。イチゴとフランボワーズを合わせて軽く火を入れてペクチンでとろみをつけた、コンフィチュールとジュレの中間のようなみずみずしいパーツ、フリュイ・ルージュを組み入れました。華やかな味わいとやさしい酸味が栗の甘みを包み込み、旨みを引き出します。

パート・シュクレに直接フリュイ・ルージュを入れてインパクトを

パート・シュクレは、クレーム・ダマンドやクレーム・フランジパーヌを入れずに空焼きし、直接フリュイ・ルージュを入れています。タルトの存在感が控えめになるぶん、栗とフリュイ・ルージュの味わいが際立ち、主役が引き立つようになります。「タルト・ドートンヌ」(P.106)と同様、"タルト台は器"という考え方です。

濃厚なクレーム・ムースリーヌでバランスをとる

モンブランにはクレーム・シャンティイを組み込むことが多いですが、フリュイ・ルージュを合わせる場合は、食感や味の面から軽すぎる印象に。そこで、クレーム・ムースリーヌを選択。卵やバターの風味がパート・シュクレに移ってコクが増し、栗との相性も高まります。

パート・シュクレ*

(長径11×短径4.5cm×高さ1.5cmのバルケット型を使用)

- 塗り卵(卵黄)……適量
- * 生地の材料とつくり方はP.050「バルケット・ムラング」参照。「つくりやすい分量」で95個分

1 パート・シュクレを、打ち粉(分量外)をしながらシーターで厚さ3mmにのばす。型の側面が斜めになっているため焼き縮みしやすいので、ピケローラーで軽くピケする。長径13×短径6.5cmの木の葉型で抜き、長径11×短径4.5cm×高さ1.5cmのバルケット型に敷き込む。型からはみ出た余分な生地をペティナイフで切り落とす。切り口が、型の外側に向かって斜め下になるように切る。オーブンシートを敷いたプラックに並べ、冷凍庫に20分置いて生地を固める。

2 天板に並べ、ケーキカップなどをのせ、重石を縁まで入れる。ダンパーを開けた180℃のコンベクションオーブンで25分焼成したのち、ケーキカップごと重石をはずして、色づくまで10分焼成する。

POINT 水分量の多いガルニチュールを入れても湿気にくいように、しっかりと色づくまで焼いて乾燥させる。

3 塗り卵を刷毛で内側全体にていねいに塗る。ダンパーを開けて180℃のコンベクションオーブンでさらに4〜5分焼成して卵にしっかり火を通す。

POINT 卵がしっかり乾くまで火を通さないと、冷めてから卵を塗った部分がやわらかくもどり、卵の臭みが出てしまう。

フリュイ・ルージュ (12個分)

- イチゴ(冷凍・ホール)*1……140g
- フランボワーズ(冷凍)……140g
- グラニュー糖*2……28g
- LMペクチン*2……0.5g
- *1 半割にする
- *2 よく混ぜ合わせる

1 鍋にイチゴとフランボワーズを入れて中〜強火にかける。解凍したら、合わせたグラニュー糖とペクチンを加えて泡立て器でよく混ぜる。

POINT イチゴは半割にしたほうが、水分が出やすい。

POINT イチゴとフランボワーズを室温の状態にしてからグラニュー糖とペクチンを加えることが重要。熱くても冷たくてもペクチンがダマになるため。

組立て1・焼成

1 空焼きしたパート・シュクレにフリュイ・ルージュをスプーンで12等分して入れる。

2 シルパットを敷いた天板に並べ、180℃のコンベクションオーブンで20分焼成。型をはずし、室温に置いて冷ます。

クレーム・ムースリーヌ・マロン

(12個分)

- ・クレーム・オ・ブール*1……120g
- ・クレーム・パティシエール*2……180g
- ・パート・ド・マロン*3……60g

＊1　材料とつくり方はP.016「ガトー・ダマンド」参照。室温にもどす
＊2　材料とつくり方はP.025「タルト・サントロペ」参照。室温にもどす
＊3　電子レンジか湯煎で軽く温める

1 クレーム・オ・ブールとクレーム・パティシエールはそれぞれボウルに入れて混ぜ、やわらかくする。

2 別のボウルにパート・ド・マロンを入れ、クレーム・オ・ブールの半量を加え、ゴムベラで押しながら練るようにして混ぜ合わせる。

3 2をクレーム・オ・ブールのボウルに戻し、泡立て器でなめらかになるまで混ぜる。

4 3にクレーム・パティシエールを加え、なめらかになるまで混ぜる。

組立て2

1 組立て1・焼成-2が完全に冷めたら、クレーム・ムースリーヌ・マロンをパレットナイフで30gずつのせ、中央がこんもりと盛り上がるように山形にととのえる。

クレーム・マロン (12個分)

- ・生クリーム(乳脂肪分38%)……180g
- ・クレーム・ド・マロン……180g

1 ボウルに生クリームとクレーム・ド・マロンを合わせ、ボウルの底を氷水にあてながら、角がピンと立ち、絞れる固さになるまで泡立てる。8分立てが目安。

POINT 油脂分の多いクレーム・ド・マロンを合わせるので分離しやすい。必ず氷水にあてながら作業をする。また、立てすぎると分離するので目安を守ること。

仕上げ

- ・粉糖……適量
- ・フランボワーズ……適量

1 クレーム・マロンを、モンブラン口金を付けた絞り袋に入れる。

2 組立て2-1の上に、1を端から縦に螺旋を描くようにしながら30gずつ絞る。

3 タルトの縁に近い側面を、タルト台の形に沿って、パレットナイフでならす。

4 粉糖を茶漉しでふり、半割にしたフランボワーズを2個ずつのせ、さらに粉糖をふる。

ブール・ノワゼット × キャラメリゼ 「サンマルク」

焦がしたバターの香りと色を生菓子で表現する

バターを煮詰めて焦がすブール・ノワゼットを生菓子にも使いたいと思い、完成したサンマルクです。ビスキュイの上面のキャラメリゼの味わいが、焦がしバター独特の色と香りに同調すると考えました。クレーム・シャンティイに溶かしバターを加える手法は古典菓子「ガトー・マルジョレーヌ」(P.124)からヒントを得ています。バターが入ることでクレーム・シャンティイの凝固力が増して保形性が高まり、噛みごたえのある生地との一体感を楽しめます。

ムース・ショコラにも焦がしバターを加えてバランスをとる

ブール・ノワゼットはムース・ショコラにも配合し、その味と個性がより表現されるように調整しました。乳脂肪分が高い生クリームは分離しやすく、とくにバターを加えるとさらに脂肪分が高くなるためリスクが高まります。ただ、それを恐れて泡立て方が不充分だと食感が得られず、ぼんやりとした味わいになるため、細心の注意をはらって作業をします。

キャラメリゼは浅めにして主張を控えめに

サンマルクは、ビスキュイ・ジョコンドにバニラ風味とチョコレート風味のクリームを挟み、上面をキャラメリゼした伝統菓子。アーモンドのコクのある生地とほろ苦いキャラメリゼ、クリームの口溶けが奏でるハーモニーが魅力です。ここではブール・ノワゼットの味を生かすためにキャラメリゼは浅めに。焦がしたバターとの相乗効果でキャラメル感を出しています。

ビスキュイ・ジョコンド

(48×33×高さ5cmのカードル2台使用／60個分)

- ・全卵 ……360g
- ・アーモンドパウダー *1……238g
- ・粉糖*1……213g
- ・薄力粉*1……71g
- ・卵白……267g
- ・グラニュー糖……90g
- ・バター*2……106g

＊1 それぞれふるって合わせる
＊2 溶かして40℃に調整する

1 ミキサーボウルに全卵を入れ、合わせたアーモンドパウダー、粉糖、薄力粉を加え、ホイッパーを装着して低速で撹拌する。粉類がとびちらなくなったら中速に切り替え、全体が白っぽくなり、もったりするまで撹拌する。

POINT 薄力粉を先に入れるのは、充分に撹拌してグルテンを形成させ、生地の骨格をつくり、焼成時にしっかり持ち上がるようにするため。シロップをしっかりと吸わせてもダレない生地に仕上げる。所要時間の目安は5分。

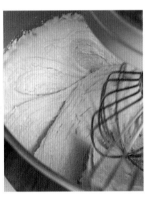

2 別のボウルに卵白とグラニュー糖の3分の1量を入れ、ホイッパーを装着して低速で撹拌する。グラニュー糖が溶けたら中高速に切り替えて泡立てる。空気を含んで白っぽくなってきたら残りのグラニュー糖を2回に分けて加え、つやが出て角がピンと立つまで泡立てる。

3 2の3分の1量を1に加え、カードで底からすくい上げるようにしながら切り混ぜる。

4 だいたい混ざったら、残りのメレンゲを加えて気泡をつぶさないように切り混ぜる。

5 まだ多少白いメレンゲが見えている状態で溶かしたバターを加え、底からすくい上げるようにしながら切り混ぜる。ややボリュームが減ってつやが出るまで混ぜる。

6 60×40cmの天板2枚にオーブンシートを敷き、48×33×高さ5cmのカードルをそれぞれのせる。生地を2等分してカードルの中に入れ、L字パレットナイフで均一な厚さに広げる。

7 カードルをはずし、それぞれ天板の下にもう1枚天板を重ね、250℃のデッキオーブンで10分焼成する。オーブンから取り出し、室温に置いて冷ます。

POINT カードルをはめたままだと側面にきれいな焼き色がつかないため、はずして焼成する。

シロップ (60個分)

- ・シロップ(ボーメ30度)……180g
- ・ラム酒……180g

1 材料を混ぜ合わせる。

ブール・ノワゼット (つくりやすい分量)

- ・バター……450g

1 鍋にバターを入れ、弱火にかける。溶けたら中火にし、泡立て器でときどき混ぜながら焦がしていく。沸騰して表面に泡が立ち、焦げ茶色に色づいたら火からおろす。目安は180℃。

POINT こうばしい色と香りが立つのが目安。黒ビールのような色。

2 ボウルに移し、室温に置いて冷ます。重量は17%減って約375gになる。

ムース・ショコラ・ブール・ノワゼット (60個分)

- ・パータ・ボンブ(下記の分量でつくり、213g使用)
  - ・グラニュー糖……222g
  - ・水……64g
  - ・卵黄……150g
- ・ダークチョコレート(カカオ分71%)*1……320g
- ・バニラペースト……1.7g
- ・生クリーム(乳脂肪分47%)……1000g
- ・グラニュー糖……120g
- ・ブール・ノワゼット*2……64g

＊1 溶かして45℃に調整する
＊2 48℃に調整する

1 パータ・ボンブをつくる。鍋にグラニュー糖と水を入れて強火にかけ、112℃まで煮詰める。

2 ボウルに卵黄を入れて溶きほぐし、1を少しずつそそぎながら泡立て器で混ぜる。

3 シノワで漉しながらミキサーボウルに入れる。パータ・ボンブは、シロップをそそぎながらミキサーで泡立てる製法が一般的。しかし、同店では活卵を使用しているため、カラザが入ることがあり、それを取り除くためにこの方法をとっている。

4 ホイッパーを装着し、中速で攪拌する。白っぽく、とろとろと流れる状態になり、かつ冷めるまでミキサーを回す。温度の目安は26℃。

5 溶かして45℃に調整したダークチョコレートにバニラペーストを加え、ゴムベラで混ぜる。

6 ボウルに生クリームとグラニュー糖を入れ、泡立て器で6分立てにする。泡立て器で持ち上げると、とろとろと流れ、積もって跡がすぐ消える状態が目安。温度は10℃。

7 5に48℃に調整したブール・ノワゼットを加え、さらに4を加えて泡立て器で底からすくい上げるようにしながらしっかりと混ぜ合わせる。

POINT パータ・ボンブが、生クリームが入る前のクッションになる。ここは温かいものだけなので、気を使わずに混ぜてよい。

8 7を6に加える。この作業は2人で行う。1人がチョコレートを一度に流し入れ、1人は泡立て器で手ばやく混ぜ合わせる。

POINT チョコレートは、少しずつ加えるとムラができ、温度が下がって固まりやすくなる。

POINT 冷たい生クリームを合わせると一気に締まってくるので手ばやく混ぜる。全体が均一になり、ちょうど混ぜ合わさったくらいの状態(写真上)で混ぜるのをやめると、クリーミーだがコクがなく、保形性が低くなる。写真下の状態になるまでしっかり混ぜる。

組立て

1 プラックの上にオーブンシートを敷き、48×33×高さ5cmのカードルをのせる。ビスキュイ・ジョコンド1枚を、焼き面を下にして入れる。

2 シロップの半量を刷毛で打つ。

POINT 1と2の作業は、ムース・ショコラをつくる前に行う。

3 ムース・ショコラ・ブール・ノワゼットを2に入れ、L字パレットナイフで全体に広げて平らにならす。冷蔵庫で冷やしてしっかり固める。

シャンティイ・ブール・ノワゼット
（60個分）

- 生クリーム（乳脂肪分47%）……1000g
- グラニュー糖……110g
- ブール・ノワゼット*……110g
- ＊ 54℃に調整する

1 ボウルに生クリームとグラニュー糖を入れ、泡立て器で6分立てにする。すくい上げると、とろとろと流れ、積もった跡がすぐ消える状態に。温度は10℃。

2 54℃に調整したブール・ノワゼットを加える。この作業も必ず2人で行う。加えながら泡立て器で混ぜる。

POINT 生クリームが冷たすぎると固まってしまうが、逆に温度が高いとバターを加えたときに分離する。バターの温度が高すぎても同じことが起こる。生クリームとバターの温度は必ず守る。

3 底からすくい上げるようにしながら、しっかりと混ぜて写真の状態にする。分離しているように見えても気にしない。

POINT ここでの混ぜ方が不充分だとダレてしまうので注意。クリーミーだがコクがなく、保形性が低くなる。

4 組立て-3の上にのせ、L字パレットナイフで平らに広げてならす。

5 もう1枚のビスキュイ・ジョコンドを、焼き面を下にしてのせ、手で押さえて接着する。まな板などをのせて平らにする。

6 残りのシロップを刷毛で上面全体に打つ。冷蔵庫で冷やしてしっかり固める。

仕上げ（60個分）

- パータ・ボンブ（ムース・ショコラで使った残りを使用）……100g
- グラニュー糖……適量

1 シャンティイ・ブルー・ノワゼット-6を板の上に横長に置いてカードルをはずし、包丁で両端を薄く切り落としてから、9cm幅に5本切り分ける。

2 1本につきパータ・ボンブ20gを上面にのせ、L字パレットナイフで薄く均一な厚さに塗り広げる。

POINT 生地にシロップをたっぷり打っているため、直接グラニュー糖をふってキャラメリゼすると溶けやすい。パータ・ボンブはそれを防ぐ役目をする。

3 2を横長に置き、両端を薄く切り落としてから、2.7cm幅に12個カットする。

4 バーナーで上面を軽くあぶって、少しだけ焦がす。

5 グラニュー糖をふり、バーナーであぶってキャラメリゼする。ブール・ノワゼットの味を生かすため、キャラメリゼは浅めにする。

グレープフルーツ × 乳製品
「シャルロット・パンプルムース」

生の果肉とコンフィチュールを組み合わせ、
バヴァロワの乳味との相性を高める

初夏から夏向きのさっぱりとした味わいの、バヴァロワを主役にしたプチガトーをつくりたいと考えた1品です。白ワインを加えたバヴァロワをビスキュイ・キュイエールの器に入れ、フレッシュのグレープフルーツを自家製のグレープフルーツのコンフィチュールであえてトッピングしました。生の果肉のみずみずしさに火入れしたフルーツの凝縮感をプラスすることで、バヴァロワの乳味との相性がアップします。コンフィチュールは糖度の低いサラサラとした状態に仕上げ、甘みが突出しないようにしています。

ビスキュイ・キュイエール*

＊ 生地の材料とつくり方はP.179「シャルロット・ヴァン・ブラン」参照。口径13mmの丸口金を付けた絞り袋に生地を入れ、オーブンシートを敷いた天板に長さ5cmの楕円形に絞る。これが側面の生地になり、1個につき7個使用。残りの生地は口径9mmの丸口金を付けた絞り袋に入れ、直径5cmの円形に絞る。これが底生地になる。側面の生地に粉糖を茶漉しで全体に薄くふる。溶けたら再度粉糖をふる。側面の生地、底生地ともにダンパーを開けた200℃のデッキオーブンで12分焼成。オーブンから取り出し、室温に置いて冷ます。

シロップ（30個分）

- シロップ（ボーメ30度）……100g
- グレープフルーツ果汁……200g

1 材料を混ぜ合わせる。

コンフィチュール・パンプルムース（つくりやすい分量）

- グレープフルーツ……4個
- グラニュー糖……適量

1 グレープフルーツは皮と薄皮を除いて身を取り出す。残った薄皮を絞って果汁を取り出す。果肉と果汁を合わせた重量の60％のグラニュー糖を用意する。

2 鍋に1を入れ、泡立て器で果肉をつぶしながら弱火にかける。果肉がほぐれ、充分に水分が出きったら中火にする。沸騰してからも混ぜながら加熱し、3分経ったら火からおろしてボウルに移す。ボウルの底を氷水にあてながら混ぜて冷やし、粗熱がとれたらラップをかけ、表面に密着させる。冷蔵庫で冷やす。

バヴァロワ（30個分）

- 卵黄……240g
- グラニュー糖……140g
- 牛乳……650g
- 板ゼラチン＊1……30g
- 白ワイン（辛口）……60g
- 生クリーム（乳脂肪分47％）＊2……1000g

＊1 冷水でもどし、水けをきる
＊2 冷蔵庫で冷やす

1 クレーム・アングレーズをつくる。ボウルに卵黄とグラニュー糖を入れ、泡立て器ですり混ぜる。

2 鍋に牛乳を入れて強火にかけ、60～70℃になったら1を泡立て器で混ぜながら流し入れる。

3 中火にして、ゴムベラで混ぜながら82～83℃になるまで煮詰めてとろみをつける。

4 火からおろし、シノワで漉しながらボウルに移す。冷水でもどした板ゼラチンを加え混ぜ、ボウルの底を氷水にあてながら混ぜる。白ワインを加え、さらに22～23℃になるまで、ときどき混ぜながら冷やす。

5 4のクレーム・アングレーズを冷やしている間に、ミキサーボウルに生クリームを入れ、6分立てまで泡立てる。使用直前まで冷蔵庫で冷やしておく。

6 クレーム・アングレーズが適温になったら氷水からはずす。冷やしておいた生クリームを冷蔵庫から出し、泡立て器で泡立てて9分立てのクレーム・フエッテにする。

7 クレーム・フエッテの4分の1量をクレーム・アングレーズに加え、泡立て器で混ぜる。だいたい混ざったら、クレーム・フエッテを入れたボウルに2回に分けて戻し入れ、そのつど混ぜる。最後はゴムベラに持ち替えて、底からすくい上げるようにしながら混ぜる。

組立て（直径5.5×高さ5cmのセルクルを使用*）

＊ OPPシートを敷いたプラックの上に並べ、冷やす

1 逆さ仕込みでつくる。口径15mmの丸口金を付けた絞り袋にバヴァロワを入れ、用意したセルクルに高さ9分目まで絞り入れる。

2 底生地用のビスキュイ・キュイエールを、焼き面を下にしてのせる。冷凍庫で冷やし固める。

仕上げ

- グレープフルーツの果肉（ホワイト、ルビー）……適量

1 組立て-2のセルクルの側面をバーナーで温めてセルクルをはずし、上下逆さにして板の上に置く。

2 側面に貼るビスキュイ・キュイエールを、焼き面を下にして並べ、刷毛でシロップを打つ。

3 1の側面に2を、焼き面を外側にして、7個ずつ接着する。

4 カットしたグレープフルーツの果肉をコンフィチュール・パンプルムースであえ、3の上に40gずつのせる。

クルミ × シナモン × バナナ
「ガトー・ドフィノワ」

薄皮付きクルミのほろ苦さやえぐみを
副素材の味と食感の中に溶け込ませる

6章で紹介する「カフェ・ノワ」(P.172)とは異なるアプローチのクルミの菓子です。パート・シュクセには、ボディ感のあるグルノーブル産の生のクルミを薄皮ごと刻んで配合。シナモンをしっかりと香らせ、焼成後にさっと水にくぐらせて1晩冷蔵庫に置くことで、存在感のある独特の香りと食感に仕上げています。間には、自家製プラリネ・ノワを配合し、バターの分量を多くしたクレーム・ムースリーヌをサンド。バターの乳味が、クルミのえぐみをやわらげます。クレーム・ムースリーヌの中にしのばせたキャラメル・バナナはオーブンで火入れして水分をとばし、弾力のある食感に。ほかのパーツとの相性を高めました。

シュクセ・ノワ (96枚分／32個分)

- A ・アーモンドパウダー……360g
  - ・粉糖……396g
  - ・皮付きクルミ (フランス・グルノーブル産)……360g
  - ・シナモンスティック……30g
- ・卵白……480g
- ・グラニュー糖……198g
- ・粉糖……適量

1 Aをロボクープに入れ、粉砕する。ふるいにかけ、残ったものを再びロボクープで粉砕する。これを数回くり返し、パウダー状にする。

2 ミキサーボウルに卵白とグラニュー糖の4分の1量を入れ、中～高速で泡立てる。空気を含んで白っぽくなってきたら、残りのグラニュー糖を2回に分けて加え、つやが出て角がピンと立つまで泡立てる。

3 1を2に加え、ゴムベラで切り混ぜる。

4 3を口径6mmの丸口金を付けた絞り袋に入れる。オーブンシートを敷いた天板の上に、直径6cmの円形になるよう、中央から渦巻き状に96個絞る。

5 粉糖を茶漉しでふり、180℃のデッキオーブンに入れ、ダンパーを開けて23分焼成する。

6 焼き上がったらすぐにボウルに入れた水 (分量外) にくぐらせ、そのまま冷蔵庫に1晩置く。

キャラメル・バナナ (32個分)

- ・バナナ (正味)……840g
- ・レモン果汁……42g
- ・グラニュー糖……140g
- ・ラム酒……35g

1 バナナは厚さ5mmにスライスし、レモン果汁をからめる。

2 フライパンにグラニュー糖を入れ、木ベラで混ぜながら強火にかける。グラニュー糖が溶けて煮詰まり、細かい泡が立ち、濃い茶褐色なったら、火を止めて1を加えてからめる。ラム酒を加える。

3 オーブンシートを敷いた天板に並べ、130℃のデッキオーブンで20～30分火を入れる。

クレーム・ムースリーヌ・ノワ
(32個分)

- ・クレーム・オ・ブール*1……1000g
- ・プラリネ・ノワ*2……200g
- ・クレーム・パティシエール*3……333g
- *1 材料とつくり方はP.016「ガトー・ダマンド」参照
- *2 材料とつくり方はP.174「カフェ・ノワ」参照
- *3 材料とつくり方はP.025「タルト・サントロペ」参照

1 クレーム・オ・ブールとプラリネ・ノワはそれぞれ室温にもどす。クレーム・パティシエールは使用直前まで冷蔵庫に入れておく。

2 ボウルにプラリネ・ノワとクレーム・パティシエールを入れ、ゴムベラでよく混ぜ合わせる。

3 ミキサーボウルにクレーム・オ・ブールを入れ、ビーターを装着して低速で撹拌し、空気を含ませる。2を加え、均一な状態になるまで撹拌する。

組立て (直径6.5×高さ3cmのセルクルを使用)

1 オーブンシートを敷いたプラックに直径6.5×高さ3cmのセルクルを並べ、シュクセ・ノワを、焼き面を上にして1枚入れる。シュクセ・ノワは1個につき3枚使用する。

2 クレーム・ムースリーヌ・ノワを口径12mmの丸口金を付けた絞り袋に入れ、1に20gずつ絞り入れる。

3 2枚目のシュクセ・ノワを、焼き面を上にして2の上にのせ、クレーム・ムースリーヌ・ノワを10gずつ絞り、キャラメル・バナナをスプーンで15gずつのせる。その上にクレーム・ムースリーヌ・ノワを型の高さまで絞って、L字パレットナイフですり切る。

4 3枚目のシュクセ・ノワを、焼き面を上にしてのせ、冷凍庫で冷やし固める。

仕上げ

- ・シュクセ・ノワ (砕いたもの)……適量
- ・クレーム・ディプロマット (接着用)*……適量
- ・バナナ……適量
- ・グラニュー糖……適量
- * クレーム・パティシエールに、重量の30%のクレーム・シャンティイ (乳脂肪分47%の生クリームに10%加糖し、9分立てにしたもの)を合わせたもの

1 組立て-4を冷凍庫から出し、バーナーで周囲を温めてセルクルをはずす。

2 側面に砕いたシュクセ・ノワを手でまぶしつける。

3 上面にクレーム・ディプロマットを絞り、カットしたバナナをのせてグラニュー糖をふり、バーナーであぶってキャラメリゼする。

ヘーゼルナッツ × 生クリーム × バター

「ガトー・マルジョレーヌ」

古典を継承しつつ、細部でオリジナリティを表現。
ヘーゼルナッツの存在感を強めて調和を図る

フランス・リヨン郊外にあるレストラン「ピラミッド」で生まれた、今では古典ともいえるフランス菓子です。乾いた食感に焼き上げて、1晩置いてやわらかく戻したヘーゼルナッツ風味の生地の間に、溶かしバターでコクと保形性を出した2種類のクレーム・シャンティイをサンドします。この基本の構成はそのまま、プラリネ・ノワゼットは火入れをしっかりと行ったこうばしい自家製を配合し、生地に加えるナッツは皮付きを粉砕したものを使用して食感をプラス。ヘーゼルナッツの存在感を打ち出し、濃厚なクレーム・シャンティイとの調和を図りました。

フォン・ド・マルジョレーヌ

(60×40cmの天板3枚使用／44個分)

- 皮付きヘーゼルナッツ*1……357g
- 皮付きアーモンド(スペイン産マルコナ種)*1 ……357g
- グラニュー糖A……450g
- 薄力粉*2……55g
- 卵白……490g
- グラニュー糖B……143g

＊1 180℃のオーブンで10〜15分ローストする
＊2 ふるう

1 ローストしたヘーゼルナッツとアーモンド、グラニュー糖Aをロボクープで粉砕する。ふるいにかけ、残った粗い粒は再度ロボクープで粉砕する。

2 1とふるった薄力粉をボウルに合わせる。

3 ミキサーボウルに卵白とグラニュー糖Bの3分の1量を入れ、ホイッパーを装着して低速で撹拌する。グラニュー糖が溶けたら中高速に切り替えて泡立て、空気を含んで白っぽくなってきたら残りのグラニュー糖を2回に分けて加える。つやが出て、角がピンと立つまで泡立てる。

4 2を3に加え、ゴムベラで底からすくい上げるようにしながら混ぜる。ややボリュームが減ってつやが出るまで混ぜる。

5 シルパットを敷いた60×40cmの天板3枚に4を3等分して流し、L字パレットナイフで均一な厚さに、薄く平らに広げる。

6 190℃のコンベクションオーブンで20分焼成する。熱いうちに霧吹きで表面に水をスプレーして湿らせ、粗熱がとれたらそのまま冷蔵庫に1晩置く。

ガナッシュ (44個分)

- ダークチョコレート(カカオ分71%)*……275g
- 生クリーム(乳脂肪分38%)……225g
- 牛乳……55g

1 ボウルにダークチョコレートを入れ、半分まで溶かす。

2 鍋に生クリームと牛乳を入れて中火にかけ、沸騰させる。1にそそぎ、泡立て器でしっかり混ぜて乳化させる。

組立て1 (38×29.5×高さ5cmのカードルを使用)

1 フォン・ド・マルジョレーヌ3枚を、それぞれ焼き面を上にして板の上に横長に置き、長辺を縦半分に包丁でカットする。

2 1のうち3枚の表面にガナッシュを3等分してのせ、L字パレットナイフで薄く塗り広げる。

3 なにも塗っていないフォン・ド・マルジョレーヌを、それぞれ焼き面を下にして2の上に重ねて接着する。これでガナッシュをサンドしたフォン・ド・マルジョレーヌが3組できる。

4 プラックの上にオーブンシートを敷き、38×29.5×高さ5cmのカードルをのせ、3のうちの1組を入れる。

シャンティイ・ブール・プラリネ

(44個分)

- 生クリーム(乳脂肪分38%)……675g
- グラニュー糖……88.5g
- プラリネ・ノワゼット(自家製)……100g
- バター*……60g

＊ 溶かして60℃に調整する

1 ボウルに生クリームとグラニュー糖を入れ、泡立て器で6分立てにする。すくうと、とろとろと流れ、積もった跡がすぐ消える状態が目安。プラリネ・ノワゼットを加え混ぜる。温度は10℃。

2 60℃に調整したバターを加える。この作業は必ず2人で行う。加えながら、泡立て器で底からすくい上げるようにしながら、しっかりと混ぜる。分離したように見えても気にしない。

3 2を組立て1-4の上にのせ、L字パレットナイフで平らに広げてならす。

4 2組目のフォン・ド・マルジョレーヌを3の上にのせ、手で押さえて接着する。冷蔵庫で冷やしてしっかり固める。

シャンティイ・ブール (44個分)

- 生クリーム(乳脂肪分47%)……675g
- グラニュー糖……75g
- バター*……75g

＊ 溶かして60℃に調整する

1 ボウルに生クリームとグラニュー糖を入れ、泡立て器で6分立てにする。すくうと、とろとろと流れ、積もった跡がすぐ消える状態が目安。温度は10℃。

2 60℃に調整したバターを加える。この作業は必ず2人で行う。加えながら、泡立て器で底からすくい上げるようにしながら、しっかりと混ぜる。分離したように見えても気にしない。

3 2をシャンティイ・ブール・プラリネ-4の上にのせ、L字パレットナイフで平らに広げてならす。

4 3組目のフォン・ド・マルジョレーヌを3の上にのせ、手で押さえて接着する。まな板などをのせて平らにする。冷蔵庫で冷やしてしっかり固める。

素材のマリアージュを味わう

仕上げ

・粉糖……適量

1 シャンティイ・ブール・プラリネ−4を板の上に横長に置いてカードルをはずし、両端をバーナーで温めた包丁で薄く切り落としてから、9cm幅に4本切り分ける。

2 1を横長に置き、両端を薄く切り落としてから、2.6cm幅に11個カットする。

3 上面の中央に紙などをのせ、両端に粉糖を茶漉しでふる。

チーズ × ハチミツ × 赤ワイン × イチジク 「ムース・ミエル・フロマージュ」

アルコールでキレを出した新タイプのチーズケーキ。
複数の素材を重ねて一体感のある味わいに

チーズを使ったプチガトーのラインナップを増やしたいと考案した菓子です。クリームチーズのムースを主役に足し算の発想で味を構成しました。ムースは、フランス・シャンパーニュ地方産のすっきりとした甘さと香り、ほどよいコクをもつハチミツで甘みをつけ、ブドウの絞りかすから造られる蒸留酒、マール・ドゥ・シャンパーニュで芳醇さをプラス。これに、赤ワインとイチジクのジュレを重ね、アルコール感でキレを出しました。ワインの味わいがしみ込んだイチジクのコンポートをトッピングして、チーズの旨みと同調させています。

ジェノワーズ・オーディネール*

＊ 生地の材料とつくり方はP.010「ガトー・シェリー」参照。38×29.5×高さ5cmのカードルに生地を流し、190℃に予熱したデッキオーブンに入れ、すぐに温度を170℃に落とし、ダンパーを開けて45分焼成。厚さ5mmにスライスしたものを2枚用意する

サブレ・ナチュール*

＊ 生地の材料とつくり方はP.146「フロマージュ・エラーブル」参照。生地を厚さ3.3mmにのばしてピケし、38×29.5×高さ5cmのカードルで抜く。シルパンを敷いた天板にのせ、180℃のコンベクションオーブンで40分焼成する

コンフィチュール・アブリコ

（つくりやすい分量）
- ・アプリコットのピュレ……1000g
- ・グラニュー糖*……800g
- ・LMペクチン*……25g
- ＊ よく混ぜ合わせる

1 鍋にアプリコットのピュレと、合わせたグラニュー糖とペクチンを入れて強火にかけ、泡立て器で混ぜる。

2 グラニュー糖が溶けて沸騰したら火を止め、ボウルに移す。粗熱がとれたらラップをかけて表面に密着させ、冷蔵庫で冷やす。

組立て1

1 サブレ・ナチュールを、焼き面を下にして置き、コンフィチュール・アブリコ200gをL字パレットナイフで薄く塗り、ジェノワーズ・オーディネールを1枚のせて接着する。

コンポート・フィグ （44個分）

- ・赤ワイン（タンニンのしっかりしたもの）……105g
- ・シロップ（ボーメ30度）……87g
- ・グラニュー糖*1……21g
- ・LMペクチン*1……0.6g
- ・レモン果汁……1.75g
- ・ドライイチジク*2……6個
- ＊1 よく混ぜ合わせる
- ＊2 ハサミでひと口大にカットする

1 鍋に赤ワイン、シロップ、合わせたグラニュー糖とペクチンを入れて中火にかけ、ダマにならないように泡立て器で混ぜる。沸騰したらレモン果汁を加えて火を止める。

2 ドライイチジク入れたボウルに1をそそぐ。粗熱がとれたらラップをかけて表面に密着させ、冷蔵庫で冷やす。

ジュレ・ヴァン・ルージュ

（38×29.5×高さ5cmのカードル1台使用／44個分）
- ・イチジクのピュレ……330g
- ・赤ワイン（タンニンのしっかりしたもの）……200g
- ・グラニュー糖*……30g
- ・LMペクチン*……10g
- ＊ よく混ぜ合わせる

1 プラックにOPPシートを敷き、38×29.5×高さ5cmのカードルをのせる。

2 鍋にイチジクのピュレと赤ワインを入れ、中火にかける。沸騰したら合わせたグラニュー糖とペクチンを加え、ダマにならないように絶えず泡立て器で混ぜる。再沸騰したら火を止める。

3 2を1に流し、ジェノワーズ・オーディネールを1枚のせる。冷蔵庫で冷やし固める。

ムース・ミエル・フロマージュ

（44個分）
- ・イタリアンメレンゲ
  - ・グラニュー糖……280g
  - ・水……90g
  - ・卵白……140g
  - ・ハチミツ（フランス・シャンパーニュ産）……100g
- ・卵黄……240g
- ・ハチミツ（フランス・シャンパーニュ産）……100g
- ・牛乳……500g
- ・板ゼラチン*1……31g
- ・クリームチーズ（ベル「キリ」）*2……500g
- ・マール・ドゥ・シャンパーニュ……31g
- ・生クリーム（乳脂肪分47%と38%を同割で配合）*3……600g
- ＊1 冷水でもどし、水けをきる
- ＊2 室温でやわらかくもどす
- ＊3 6分立てまで泡立て、冷蔵庫で冷やす

1 イタリアンメレンゲをつくる。鍋にグラニュー糖と水を入れて強火にかけ、118～120℃になるまで煮詰める。

2 1が沸騰しはじめたらミキサーボウルに卵白を入れ、中高速で泡立てはじめる。同時に別の鍋にハチミツを入れて強火にかけ、135℃まで煮詰める。

3 卵白のボリュームが出て白っぽくなり、ふんわりしてきたら低速にし、1をミキサーボウルの内側側面に沿わせるようにして少しずつそそぐ。

4 中高速に切り替え、さらに泡立てる。つやが出て、ホイッパーの跡がしっかりつくようになったら低速にし、135℃に煮詰めたハチミツを少しずつそそぐ。

5 中高速に切り替え、ホイッパーですくうと角がピンと立ち、人肌程度の温度に冷めるまで攪拌する。メレンゲをボウルに移し、カードである程度平らに広げて、冷蔵庫で15℃になるまで冷やす。

6 　チーズのベースをつくる。ボウルに卵黄とハチミツを入れ、泡立て器で混ぜる。

7 　鍋に牛乳を入れて強火にかけ、60〜70℃になったら、泡立て器で混ぜながら6を流し入れる。

8 　中火にし、ゴムベラで混ぜながら82〜83℃になるまで煮詰めてとろみをつける。

9 　水けをしっかりきった板ゼラチンを加え混ぜたあと、シノワで漉しながらクリームチーズを入れたボウルにそそぎ、よく混ぜる。粗熱がとれたらマール・ドゥ・シャンパーニュを加え、ボウルの底を氷水にあてながら、22〜23℃になるまでときどき混ぜながら冷やす。

10 　6分立てまで泡立て、冷蔵庫で冷やしておいた生クリームを冷蔵庫から出し、泡立て器で泡立てて9分立てのクレーム・フエッテにする。

11 　クレーム・フエッテの4分の1量を9に加え、泡立て器で混ぜる。だいたい混ざったら、クレーム・フエッテを入れたボウルに2回に分けて戻し入れ、そのつど混ぜる。

12 　イタリアンメレンゲを冷蔵庫から出し、ゴムベラで全体を混ぜて温度にムラがないようにする。これを11に一度に加え、泡立て器で底からすくい上げるようにしながら混ぜる。

組立て2

1 　ジュレ・ヴァン・ルージュ-3にムース・ミエル・フロマージュを流し、L字パレットナイフで平らにならす。

2 　組立て1-1を、ジェノワーズを下にして1にのせ、軽く押さえて接着する。冷凍庫で冷やし固める。

仕上げ

・ナパージュ・ヌートル……100g
・湯……60g

1 　組立て2-2を冷凍庫から出して上下逆さにして置き、バーナーで側面を温めてカードルをはずす。

2 　バーナーで温めた包丁で端を切り落とし、7.5×3.45cmに44個カットする。

3 　ナパージュ・ヌートルと湯をよく混ぜ合わせる。

4 　3を刷毛で2の上面に塗り、コンポート・フィグを2個ずつのせる。

コンフィズリーの面白さ

2021年の秋より、春先までの季節限定でコンフィズリーの販売をはじめました。コンフィズリーは砂糖菓子の総称で、フランス菓子の一分野です。アメやボンボン、キャラメル、パート・ド・フリュイやギモーヴ、フルーツのコンフィなどさまざまな種類があります。

　僕がコンフィズリーに興味をもったきっかけは、フランス菓子ではなく、知り合いから旅みやげにいただいた、島根県出雲市の特産品、生姜糖でした。ショウガ汁とシロップを煮詰め、結晶化させてつくる生姜糖は、和製コンフィズリーといえるでしょう。シャリッとした食感に続き、ショウガの辛味と砂糖の甘さが絶妙なバランスでまとまり、すがすがしく口の中に広がりスーッと溶けていきました。材料はショウガと砂糖のみで製造工程もシンプルなのに、これだけ完成度の高い菓子になることに興味を覚え、自分でもつくってみようと思ったのです。

　レモン果汁を加えると和の生姜糖がフランス菓子の味わいになると考え、試作を開始。これが想像以上に苦戦しました。レモンの酸がシロップに加わると加水分解を起こし、再結晶化せずに水アメのような状態になってしまうのです。それを避けるためにレモン果汁の量を控えると、めざす味ではなくなってしまいます。そこで、シロップを煮詰める温度や、レモン果汁を加えるタイミング、混ぜ方、全体の水分量など、ありとあらゆるパターンを試しました。商品として納得がいく「シトロン・ジャンジャンブル」(写真中央)が完成するまでに、3年は要したと思います。人生でこれだけ砂糖と向き合った経験はなく、砂糖の面白さに魅せられました。もっと砂糖を突き詰めたいと思い、コンフィズリーに本格的に取り組むようになりました。

　現在、商品として販売しているのは8種類。(左上から時計回りに)「ヌガー」「プラリーヌ・デグペルス」「プラリーヌ・ノワゼット」「ネギュス」「ボンボン・フィュテ」「ベルランゴ・デュー」「ギモーブ」。伝統的なレシピをもとに、オリジナリティを加えています。

　砂糖ベースのコンフィズリーの面白さは、砂糖の再結晶化につきます。砂糖類と水などを合わせたベースとなる液体を煮詰める際、その温度や糖度、加える副材料によっても再結晶化したときの状態は変わります。また、成形の仕方によって異なる味や食感もつくり出せます。

　たとえば、ボンボン・フィュテは、アメを引いて層をつくり、ベルランゴ形と呼ばれる独特の変形した三角錐の形にすることで、サクサクした食感が生まれます。ネギュスは、べっこうアメのような味わいのハードタイプのアメでキャラメルを包み込んだ1品。キャラメルが固いとアメとのバランスが悪くなるため、通常のキャラメルよりベースの煮詰め具合を控えました。なめているうちに周囲のアメが溶け、じんわりと現れるキャラメルのこうばしい味わいが魅力です。

プチガトーは常時約18品、アントルメは約4品をラインナップ。開業以来品数は変えていないが、当初からの定番は数点で、不定期で新作をリリース。
隣に設置した冷凍ショーケースでは自家製アイスクリームも販売している。

5

インパクトのある"食感"が決め手

リンゴの

弾力のある食感 が印象的
「タルト・タタン」

リンゴは最初に蒸し煮にして均一に火を通す

火を入れたリンゴの甘みと酸味を、キャラメルの凝縮した旨みが引き立てるタルト・タタン。そのおいしさは、リンゴの食感で決まるといっても過言ではありません。火を入れすぎてコンフィチュールのような状態になっても、火入れが不充分で食感が残りすぎても「ほんとうにおいしいタルト・タタン」にはならないため、その中間をめざしました。リンゴは加熱しても形が崩れにくく、その酸味がキャラメルに合う紅玉を選択。最初にグラニュー糖と合わせて蒸し煮のようにしてからオーブンで焼成します。こうすると最終的に全体に均一に火が通ってほどよい食感が生まれ、キャラメルの味わいもしっかりしみ込みます。

ペクチンを抽出したシロップを塗りながら焼成する

このタルト・タタンの最大のポイントは、リンゴの下処理をするときに出た芯と皮を、リンゴを蒸し煮にしたときに引き出された水分とともに煮詰めて、ペクチンを抽出したシロップをつくること。これを塗りながら焼成する点にあります。食べるときにフォークを入れると、リンゴどうしが分かれることなく、一体になった状態にしたいと思いついた方法です。焼成中にシロップにとろみがついて自然の凝固剤となり、リンゴどうしをつなげてくれると同時に、煮崩れも防いでくれます。

パート・ブリゼ (つくりやすい分量)

- ・薄力粉*¹……1000g
- ・グラニュー糖*¹……20g
- ・塩*¹……25g
- ・バター*²……550g
- ・卵黄*³……60g
- ・酢*³……20g
- ・冷水*³……180g

＊1　薄力粉はふるい、ほかの材料と合わせて使用直前まで冷蔵庫で冷やす
＊2　2cm角に切って冷やす
＊3　合わせて冷やす

1 ミキサーボウルに合わせて冷やしておいた薄力粉、グラニュー糖、塩を入れ、2cm角に切って冷やしておいたバターを加える。手でバターの1切れ1切れに粉をまぶす。

2 ビーターを装着し、低速で撹拌する。

3 バターがほぐれてきたら、合わせて冷やしておいた卵黄、酢、冷水を3回に分けて加え、撹拌する。

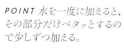

POINT パート・フィユテのように層ができる状態にしたいので、まだバターの粒が残った状態で加える。この段階でバターと粉をなじませすぎると、最終的に目の詰まった生地になる。

POINT 水を一度に加えると、その部分だけベタッとするので少しずつ加える。

4 全体に黄色くなって生地がまとまってきたら、ミキサーを止める。ここではまだ粉が見えていてよい。バターの塊が残ったそぼろのような状態。

5 作業台の上に4を置き、手で押さえるようにしながら、ひとまとめにする。

6 ラップに包んで厚さ3cm程度にととのえ、冷蔵庫に1晩置く。

7 打ち粉(分量外)をしながらシーターで厚さ2.5mmにのばす。ピケし、直径22cmの円形に切り取る。シルパンを敷いた天板にのせ、上にオーブンシートをかぶせ、平らに焼き上がるように天板をのせ、180℃のコンベクションオーブンで30分焼成する。オーブンから取り出し、室温に置いて冷ます。

ポム・タタン

(直径24×高さ4cmの銅製のマンケ型を使用／1台分)

- ・リンゴ(紅玉)*¹……12個(皮と芯を除いて2000g)
- ・グラニュー糖A*²……250g
- ・型用バター……適量
- ・グラニュー糖B……80g

＊1　皮も使用するため、よく洗う
＊2　リンゴの重量の8分の1量

1 リンゴはピーラーで皮をむいて縦4等分にし、ペティナイフで種ごと芯を切り取る。種が付いていた周囲の果肉はこのまま煮ると固くなって食感が悪くなるため、ペティナイフで取り除く。

2 皮と芯、種は、このあとの工程でシロップをつくるために煮るので鍋に入れる。

3 リンゴは変色を防ぐため、処理をしたはしから2％の塩水(分量外)に浸す。

4 3のリンゴを、水けをきって銅鍋に入れ、グラニュー糖Aを加えてプラックなどでふたをし、弱めの中火にかける。20分ほど煮てリンゴから水分を引き出す。

POINT 水分をしっかり引き出すため、ふたをして蒸し煮のような状態で火を入れる。

5 型に敷くキャラメルをつくる。直径24×高さ4cmの銅製のマンケ型に型用バターを薄く塗る。鍋にグラニュー糖Bを入れて木ベラで混ぜながら強火にかける。グラニュー糖が溶けて煮詰まり、細かい泡が立ち、濃い茶褐色になったら(温度の目安は170〜180℃)、火からおろしてバターを塗った型に流し入れる。そのまま固まるまで冷ます。

6 4のリンゴの水分が鍋底にたまってグツグツと沸騰する状態になったら、ふたを取り、火を止める。

POINT この段階でリンゴに均一に火を入れておくことで、オーブンでムラなく焼き上げることができる。

7 皮と芯、種を入れた2の鍋の上にザルを置き、6をあけて煮汁を鍋にそそぐ。

8 リンゴは手でさわれるようになるまで、下にボウルを置いて冷ます。冷ましている間に残った煮汁がボウルにたまってくるので、これも取り置いて、オーブンでの焼成の際に使用する。

9 7を煮てシロップをつくる。鍋を中火にかけてふたをし、20分火を入れる。皮と芯がクタッとした状態になったらふたを取り、ゴムベラで全体を混ぜながらさらに5分、煮汁に皮の色素が移るまで加熱する。

10 下にボウルを置いたザルにあけ、上から型などを使って皮や芯を押し、しっかりと漉す。

11 8のリンゴが冷めたら、キャラメルを流した型に並べる。最初に型の円周に沿って並べる。型をはずしたらこの部分が表面になるので、形のきれいなものを選んで並べる。

12 2段目も同様に放射状に並べたあと、中央のあいたところにリンゴを入れる。上部がこんもりと盛り上がるようにのせる。

POINT 焼成中に水分がとんでリンゴが縮むことを考え、できるだけ空間を埋めるようにしてリンゴを盛り込む。リンゴの並べ方がそのまま菓子の表情となるので、型に沿わせて入れることが重要。

13 8でボウルの底にたまった煮汁を上からかける。

14 シルパットを2枚敷いた天板にのせ、下にも1枚天板を重ね、ダンパーを開けた160℃のデッキオーブンで3時間焼成する。その間、30分おきに10のシロップを刷毛で表面に塗る。さらに7時間焼く。表面にある程度色がついてきたら、上に別のマンケ型をのせて表面が平らに焼き上がるようにする。

- -
POINT ダンパーを閉めて焼くと、蒸気がこもって水分が蒸発せずにリンゴがやわらかくなりすぎてコンフィチュールのような食感になる。

POINT シロップは全部使いきること。30分おきというのは、表面が乾きはじめたら塗る、というタイミング。乾いてしまってからだとシロップとリンゴとの一体感が出なくなるので、タイミングをしっかり見極めること。

15 10時間焼成したらオーブンのスイッチを切り、オーブンに入れたまま1晩おいてゆっくりと冷ます。

16 翌日、状態を見て水分が戻ったような様子だったら、再び160℃のオーブンで10分焼成して水分をとばす。オーブンから取り出し、室温に置いて粗熱をとり、冷凍庫に入れて中までしっかり冷やし固める。

シャンティイ・カルヴァドス
(1台を12等分したもの8個分)
- 生クリーム(乳脂肪分47%)……100g
- グラニュー糖……15g
- カルヴァドス……10g

1 ボウルに材料を入れ、ボウルの底を氷水にあてながら、角がピンと立つ9分立てまで泡立てる。

組立て・仕上げ
- グラニュー糖……適量

1 パート・ブリゼを、焼き面を下にしてポム・タタン-16の上にのせ、軽く手で押さえて密着させる。

2 型の側面や角をバーナーで温め、逆さにして型をはずす。

3 凍っているうちに包丁で12等分にカットし、天板にのせる。このとき、まだ水分が残っているようであれば、表面をバーナーであぶって水分をとばす。

4 グラニュー糖をふり、バーナーであぶってキャラメリゼする。2回行う。

- -
POINT グラニュー糖をしっかり焦がしてキャラメルの風味をつける。

5 シャンティイ・カルヴァドスをスプーンですくってクネルをつくり、上面にのせる。

フレンチメレンゲが
はかなく消える
「シブースト・カシス」

シュワッとした食感が心地よいフレンチメレンゲを採用

シブーストに使用するクレーム・シブーストは、クレーム・パティシエールのもつ乳や卵黄の旨みにメレンゲの気泡が加わり、軽い口溶けとやさしい味わいが特徴。配合するのはイタリアンメレンゲが定番ですが、これをフレンチメレンゲに変えました。気泡の安定性が低くつぶれやすい代わりに、"シュワッ"とより軽やかで、消えるような口溶けが実現できます。

メレンゲの気泡を保つには、混ぜすぎないこと

クレーム・シブーストは、クレーム・パティシエールとメレンゲの合わせ方が製法の要。フレンチメレンゲは気泡がつぶれやすいため、泡立て方や合わせるときの温度帯には注意が必要です。また、メレンゲの白い筋がまだ残っている状態で混ぜるのを止めることも大事。混ぜすぎないことが、シュワッと、はかない食感をつくる重要なポイントです。

国産カシスでみずみずしさを増幅

フレンチメレンゲの軽やかな食感はまさに夏向き。毎夏フレッシュのカシスが手に入ることから、カシスとの組合せを思いつきました。クレーム・パティシエールの牛乳の4割をカシスのピュレに代え、ピュレの3分の1量にフレッシュのカシスを配合し、みずみずしさを打ち出しています。クリームの味が軽やかになるぶん、土台はパート・シュクレとクレーム・ダマンドで構成してこうばしさをプラスし、味わいを引き締めています。

パート・シュクレ*

＊ 生地の材料とつくり方はP.050「バルケット・ムラング」参照。「つくりやすい分量」で98個分

クレーム・ダマンド*

＊ 材料とつくり方はP.045「タルト・シャンティイ」参照。「つくりやすい分量」で48個分

焼成・組立て1 (40個分)

- カシス(冷凍)……120〜160粒
- グラン・マルニエ……40g

1 パート・シュクレを打ち粉(分量外)をしながらシーターで厚さ2.2mmにのばし、直径9.5cmの円形に抜き、直径6.5×高さ1.7cmのタルトリングに敷き込む。タルトリングからはみ出た余分な生地をパレットナイフで切り落とし、底面をフォークで軽くピケする。

2 クレーム・ダマンドを口径13mmの丸口金を付けた絞り袋に入れ、1に35gずつ絞り入れる。

3 カシスを3〜4粒ずつクレーム・ダマンドの中に埋める。

4 180℃のコンベクションオーブンで30〜35分焼成。上面に刷毛でグラン・マルニエ(1個につき1g)を打つ。粗熱がとれたらタルトリングをはずし、冷ます。

ガルニチュール (40個分)

- オレンジ……10個
- シロップ(ボーメ30度)……500g
- グラン・マルニエ……50g

1 オレンジは皮と薄皮を除いて房取りし、ボウルに入れる。

2 シロップを沸騰させて1にそそぐ。冷めたらグラン・マルニエを加え、ラップをかけて表面に密着させ、冷蔵庫に1晩置く。

インパクトのある〝食感〟が決め手

クレーム・シブースト・カシス

(直径6×高さ4cmのセルクルを使用＊1／40個分)

- クレーム・パティシエール・カシス
  - 卵黄……125g
  - グラニュー糖……132g
  - 強力粉＊2……22g
  - コーンスターチ＊2……22g
  - 牛乳……220g
  - カシスのピュレ……220g
  - カシス(長野県産)＊3……110g
  - バター……44g
- 板ゼラチン＊4……7g
- フレンチメレンゲ
  - 卵白……275g
  - グラニュー糖……110g

＊1 OPPシートを敷いたブラックの上に並べる
＊2 合わせてふるう
＊3 スティックミキサーなどでピュレ状にする
＊4 冷水でもどし、水けをきる

1 クレーム・パティシエール・カシスをつくる。ボウルに卵黄とグラニュー糖を入れ、泡立て器ですり混ぜる。

POINT グラニュー糖のザラザラした感じがなくなるまでよく混ぜること。グラニュー糖が溶け残っている状態で粉類を加えると、ダマになったり粉が全体にまんべんなく広がらなくなったりして、炊き上がったクリームが重い口あたりになる。

2 強力粉とコーンスターチを加え、つやが出るまで混ぜる。

POINT 保形性を高めるため、粉の半量をコーンスターチに。そのデンプンの性質上、冷めたときでもプリッとしたコシと弾力があり、なめらかな食感を保つ。

3 牛乳を沸騰直前まで加熱し、2にそそいで混ぜる。

POINT ピュレはあとから加える。ピュレを牛乳と合わせて火にかけると、ピュレに含まれている酸が牛乳のタンパク質に反応して分離するため。卵黄と牛乳を合わせてからピュレを加えると、卵黄に含まれるレシチンが乳化剤の役割をしてくれるため、分離することはない。

4 銅鍋にカシスのピュレとピュレ状にしたカシスを入れて火にかけ、沸騰直前まで加熱する。

5 3を4に加え、泡立て器で絶えず混ぜながら強火で炊く。沸騰して強いとろみがつき、さらに混ぜているうちにコシが切れて表面につやが出たら、バターを加える。そのまま混ぜてバターが溶けたら火を止める。

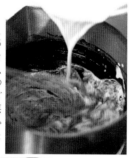

POINT ピュレを配合しているので、通常のクレーム・パティシエールよりも濃度が高くなり、煮詰まりやすく焦げやすいので注意が必要。火が入りすぎると固く締まって舌ざわりが悪くなるため、「ちょっとはやいかな」というくらいで火を止めるとよい。

6 水けをしっかりきった板ゼラチンを加えてゴムベラで混ぜて溶かし、ボウルに移す。

7 フレンチメレンゲをつくる。ミキサーボウルに卵白とグラニュー糖を入れ、ホイッパーを装着して中～高速で泡立てる。

POINT きめの細かいメレンゲにするため、最初からグラニュー糖を加えて泡立てる。途中まで泡立ててからグラニュー糖を加えると、気泡が大きくなりすぎて、泡立てたあとに気泡が消えるスピードがはやまってしまう。

8 メレンゲをつくっている間に、6のボウルの底を氷水にあて、ときどき混ぜながら30℃になるまで冷やす。

POINT フレンチメレンゲと合わせやすい温度まで冷やす。その際、表面に膜が張らないよう、ときどき混ぜること。また、温度が下がりすぎるとメレンゲと合わせづらくなるため、ボウルの底をさわってぬるいと感じられる30℃くらいを目安とする。これ以上冷やすと急に締まってくるので注意する。締まると、メレンゲと合わせづらくなる。

9 7のメレンゲの角がピンと立つ状態になったら、ミキサーを止める。

10 8を泡立て器でざっと混ぜてなめらかな状態にもどし、9のメレンゲの3分の1量を加え混ぜる。この際、メレンゲも泡立て器で混ぜてなめらかな状態にしてから加える。

POINT 砂糖の量が少ないメレンゲなので、泡立ててから時間が経つと、ボソボソとした状態になる。そのため、加える前に必ず泡立て器で混ぜてなめらかな状態にする。

POINT メレンゲを加えたら、底からすくい上げるようにしながら混ぜる。メレンゲの気泡がどんどんつぶれていくので、手ばやく混ぜる。

11 半分ほど混ざったところで、残りのメレンゲの半量を加え、同じ要領で混ぜる。

12 半分ほど混ざったところで、残りのメレンゲを加え、5回ほどすくい上げるようにして混ぜたら、混ぜ終わり。

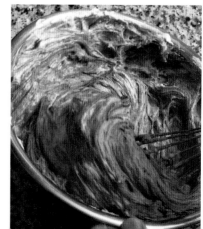

POINT メレンゲの白い筋が残っている状態でOK。これ以上混ぜるとメレンゲの気泡がどんどんつぶれ、分離の原因にもなる。ここで完全に混ざっていなくても、このあと絞り袋に入れて絞っていくうちに自然に混ざる。また、白い部分が多少残っているほうが、食べたときに心地よいシュワシュワ感がある。この段階で均一に混ぜてしまうと、完成したときにはべったりとしたテクスチャーになってしまう。

13 **12**を口径18mmの丸口金を付けた絞り袋に入れる。用意した直径6×高さ4cmのセルクルに、半分くらいの高さまで絞り入れる。

14 冷凍庫で冷やし固める。

4 クレーム・シブースト・カシスを冷凍庫から出して底面を上にして置き、セルクルの側面をバーナーで温める。

POINT 平らなほうが上になるようにする。このあと、キャラメリぜする際に、表面が平らなほうがきれいに仕上がる。

5 周囲が少しゆるんだら**3**の上に置き、上から指でクレーム・シブースト・カシスをゆっくり押してセルクルから抜く。

6 上面にグラニュー糖を均一にふり、バーナーであぶってキャラメリぜする。この作業をもう1回くり返す。

組立て2・仕上げ

- クレーム・ディプロマット(接着用)*……適量
- グラニュー糖……適量

* クレーム・パティシエール(P025「タルト・サントロペ」参照)に、重量の30%のクレーム・シャンティイ(乳脂肪分47%の生クリームに10%加糖し、9分立てに泡立てたもの)を合わせたもの

1 ガルニチュールの汁けをとり、それぞれ半分～3分の1の厚みにそぎ切る。

2 焼成・組立て1-4の上面に、中央をあけて、**1**を3切れずつ並べる。

3 クレーム・ディプロマットを口径12mmの丸口金を付けた絞り袋に入れ、**2**の中央に少量絞る。

とろり、ザクザクの対比 を
生かす
「フロマージュ・エラーブル」

インパクトのある〝食感〟が決め手

サブレ生地を厚焼きにし、食感で特徴を出す

存在感のあるチーズケーキをつくりたいと試行錯誤の末、メープルシロップを配合すること
を思いつきました。それでもなにかもの足りなく、そこで素材を加えるのではなく、食感で味
をつくろうと発想を転換。土台のサブレ生地を厚めにのばして焼くことでザクザクとした食
感を打ち出し、とろんと濃厚なチーズのムースとの対比でインパクトのあるプチガトーに。
厚焼きならではの深みのあるこうばしさが、メープルシロップの風味と調和します。

サブレ1枚1枚を型に入れて焼き、味の輪郭を明確に

サブレ生地はバターが多いリッチな配合。厚さ7mmにのばし、1枚1枚タルトレット型に
入れて焼成します。天板に直置きすると生地が広がってしまいますが、型に入れることで、
形よく、バターを逃すことなく焼き上げることができ、味の輪郭も明確になります。

ガナッシュのようなグラサージュで味わい深く

厚焼きサブレの上に重ねたムースは、パータ・ボンブにクリームチーズとメープルシロップ
を合わせ、クレーム・フエッテを加えたコクのある味わい。上には、メープルシロップを配合
したホワイトチョコレートベースのグラサージュをかけています。グラサージュは乾燥を防ぐ
役目もありますが、味も重要な要素。ここでは水分が多めのガナッシュのような配合にして、
濃厚でありながらもみずみずしさが感じられるように仕上げています。

サブレ・ナチュール

（直径7×高さ1.2cmのタルトレット型を使用／つくりやすい分量）

- 薄力粉＊1……550g
- 塩……4.5g
- バター＊2……450g
- 粉糖……175g
- 全卵……60g

＊1　ふるう
＊2　2×1.5cmに切って冷やす

1 作業台の上に薄力粉と塩を置き、2×1.5cmに切って冷やしておいたバターをのせ、バター1切れ1切れに粉をまぶし付けるようにしながら、指でバターをつぶす。

2 バターの大きな塊がなくなったら、さらに粉をまぶすようにしながら手ですり合わせてバターを細かくする。

POINT 最初に小麦粉とバターを合わせ、サラサラの砂状にしておくことで、その後加えた水分(卵)によるグルテンの発生を抑えることができる。まずは粉と油脂を合わせることが重要。そうしないと焼き上がりが固くなり、ザクッとした食感が表現できなくなる。

3 粉糖を加え、指でバターに練り込むようしながら全体になじませる。さらに両手ですり合わせる。

4 全体に粉糖がいきわたったら全卵を加え、カードで粉類をかぶせて卵が流れないようにする。手のひらのつけ根を使って押し出すようにしながら生地をひとまとめにする。

POINT 使うときに生地を軽くこねてもどすので、ここではまだ少し粉けが残っている状態でよい。

5 ラップで包み、冷蔵庫に1晩置く。

6 打ち粉（分量外）をした作業台に生地を置き、両手でこねてなめらかで均一な状態にする。

7 高さ7mmのバールをあて、打ち粉をしながら生地を麺棒でのばす。

8 ピケローラーでしっかりピケする。

POINT 生地が厚いので、ピケをしないと均一に火が通らない。

9 直径6cmの丸型で円形に抜き、直径7×高さ1.2cmのタルトレット型にのせ、中央を押さえて型の底に貼り付ける。

10 天板に並べ、180℃のコンベクションオーブンで45分焼成する。粗熱がとれたら型をはずし、冷ます。

ジェノワーズ・オーディネール＊

＊ 生地の材料とつくり方はP.010「ガトー・シェリー」参照。直径6×厚さ5mmを75枚用意する

ムース・フロマージュ （75個分）

- パータ・ボンブ
  - メープルシロップ……180g
  - グラニュー糖……180g
  - 卵黄……180g
- クリームチーズ（ベル「キリ」）……1000g
- メープルシロップ……100g
- 板ゼラチン＊1……20g
- キルシュ……45g
- 生クリーム（乳脂肪分47%と38%を同割で配合）＊2……1000g

＊1　冷水でもどし、水けをきる
＊2　6分立てまで泡立て、冷蔵庫で冷やす

1 パータ・ボンブをつくる。銅鍋にメープルシロップとグラニュー糖を入れて強火にかけ、113℃まで煮詰める。

POINT 水の代わりにメープルシロップを加えるパータ・ボンブ。そのぶん、グラニュー糖の量は減らしている。

2 ボウルに卵黄を入れて溶きほぐし、1を少しずつそそぎながら泡立て器で混ぜる。

3 シノワで漉しながらミキサーボウルに入れる。

146

4 ホイッパーを装着し、中速で白っぽく、とろとろと流れる状態になり、26℃に冷めるまで撹拌する。

5 同時進行でチーズのベースをつくる。ロボクープでクリームチーズを撹拌する。なめらかな状態になったらメープルシロップを加えてさらに撹拌する。

6 5をミキサーボウルに移してホイッパーを装着し、低速で撹拌する。少し空気を含んで白っぽくなったらボウルに移す。

7 別のボウルに板ゼラチンとキルシュを入れ、湯煎にかけて溶かす。

8 冷やしておいた生クリームを冷蔵庫から出し、泡立て器で泡立てて9分立てにする。

9 7に、7と同量程度の6を加え、泡立て器で混ぜ合わせる。これを6のボウルに戻してしっかりと混ぜ合わせる。

10 9に4を加え、しっかりと混ぜ合わせる。

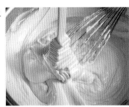

11 10を8に加え、泡立て器で底からすくい上げるようにしながらしっかりと混ぜ合わせる。

組立て1 （直径6×高さ4cmのセルクルを使用）

1 オーブンシートを敷いたプラックに直径6×高さ4cmのセルクルを並べ、中にジェノワーズ・オーディネールを敷く。

POINT ジェノワーズはムースとサブレの間にワンクッションおき、つながりをよくするためのパーツ。これがムースの下にあることで、グラサージュをきれいにかけることができる。

-----

2 6切・口径11mmの星口金を付けた絞り袋にムース・フロマージュを入れ、1のセルクルに高さ7分目くらいまで絞り入れる。絞り袋を立てるようにしながら菊形に絞る。冷凍庫で冷やし固める。

グラサージュ・エラーブル（75個分）

- 牛乳……375g
- メープルシロップ……100g
- 板ゼラチン*1……5g
- ホワイトチョコレート*2……550g

*1 冷水でもどし、水けをきる
*2 溶かす

1 鍋に牛乳とメープルシロップを入れ、中火にかける。沸騰したら火を止め、水けをよくきった板ゼラチンを加え、混ぜ溶かす。

2 溶かしたホワイトチョコレートを入れたボウルに1を2回に分けて加え、そのつどゴムベラでよく混ぜる。粗熱がとれたらラップをかけて表面に密着させ、冷蔵庫に1晩置く。

組立て2・仕上げ

- クッキークラム（サブレ・ナチュールを崩したもの）……適量
- ピスタチオ……適量

1 グラサージュ・エラーブルを湯煎にかけて溶かし、スティックミキサーで撹拌して乳化させ、なめらかでつやのある状態にする。

2 組立て1-2を冷凍庫から出し、側面をバーナーで温めてセルクルをはずす。下にボウルを置いた金網の上にのせる。

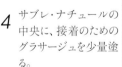

3 グラサージュ・エラーブルを25℃（クーベルチュールを使っている場合は35℃）に調整し、上からかける。ボウルに余分なグラサージュが落ちる。

4 サブレ・ナチュールの中央に、接着のためのグラサージュを少量塗る。

5 3のグラサージュが固まったら、パレットナイフで持ち上げて4の上にのせる。

6 側面にクッキークラムを手でまぶし、上にピスタチオを飾る。

軽やかさ を追求した「ムース・ア・ラ・マント」

インパクトのある "食感" が決め手

パーツや素材を必要最小限に絞り、ふんわりとした食感を際立たせる

メレンゲや生クリームの泡で形を保つムースは、軽やかで繊細な口溶けが魅力です。ピュレやチョコレートなど市販の素材を重ねていくらでも構成を複雑にできますが、そうすると口溶けが軽やかなぶん、主役の素材がぼけてしまいがち。ですから味わいの焦点を明確にするよう心がけています。このムース・ア・ラ・マントでは、ミントのムースにフレッシュの葉を使い、自然の風味を打ち出すことで味にもインパクトをもたせています。

軽やかさの決め手はイタリアンメレンゲ

主役となるミントのムースは、クレーム・アングレーズにイタリアンメレンゲを合わせる製法でつくり、ふんわりとしたテクスチャーのなかにフレッシュ感が広がるようにしています。甘さを控えるためにメレンゲの砂糖の量を減らすと、軽すぎて食べごたえが失われてしまいます。卵白と砂糖の比率が1対2の基本配合を守ることが重要です。

食べたときの印象は、ミントとチョコレートが9対1

さわやかでふんわりとした食感のミントのムースと、その味わいを引き立てる役割として濃厚でコクのあるムース・ショコラを組み合わせ、2層仕立てにしています。味の主役はあくまでミントなので、食べたときの印象が9対1になるように、ミントの葉を漉さずにムースに入れるなど、ミント感を強める工夫をしています。

ジェノワーズ・ショコラ

〈40×30×高さ5cmのカードル1台使用／100個分〉

- ・全卵……625g
- ・グラニュー糖……207g
- ・ハチミツ……78g
- ・薄力粉*1……351g
- ・アーモンドパウダー*1……75g
- ・粉糖*1……50g
- ・バター*2……117g
- ・ココアパウダー*3……70g

＊1　それぞれふるって合わせる
＊2　溶かして35℃に調整する
＊3　ふるう

1 ミキサーボウルに全卵、グラニュー糖、ハチミツを入れ、グラニュー糖が全体にいきわたるまで泡立て器ですり混ぜる。

2 ミキサーにセットし、ホイッパーを装着して中〜高速で泡立てる。

3 空気を含んで白っぽくなり、ボリュームが出てホイッパーの跡がしっかり残るくらいの状態になったら、低速に落として1〜2分撹拌し、生地のきめをととのえる。

4 ミキサーボウルをはずし、合わせた薄力粉、アーモンドパウダー、粉糖を加え、ゴムベラで切り混ぜる。

5 溶かしたバターを加えて混ぜたあと、ココアパウダーを加えて混ぜる。

6 天板の上にオーブンシートを敷いて40×30×高さ5cmのカードルをのせ、5を流して表面をL字パレットナイフで平らにならす。190℃に予熱をしたデッキオーブンに入れ、温度を170℃に下げて45分焼成。オーブンから取り出し、室温に置いて冷ます。

7 波刃包丁で厚さ5mmにスライスし、直径6cmの円形（底生地用）と直径5cmの円形（中生地用）に抜く。冷凍庫で冷やす。

- - - - - - - - - - - -
POINT 冷凍庫で冷やし固めておくと、あとで作業がしやすい。また、生地が固い状態であれば、ムースを流したときに、生地との間に隙間ができにくい。

シロップ （50個分）

- ・シロップ（ボーメ30度）……90g
- ・水……90g

1 材料を混ぜ合わせる。

ムース・マント （45〜48個分）

- ・スペアミントの葉（フレッシュ）……12g
- ・イタリアンメレンゲ
  - ・グラニュー糖……293g
  - ・水……97g
  - ・卵白……146g
- ・クレーム・アングレーズ
  - ・牛乳……666g
  - ・卵黄……226g
  - ・グラニュー糖……110g
- ・板ゼラチン*1……26.6g
- ・ミントリキュール（バカルディ「ペパーミント ジェット27」）……50g
- ・生クリーム（乳脂肪分47%と38%を同割で配合）*2……666g

＊1　冷水でもどし、水けをきる
＊2　冷蔵庫で冷やす

1 スペアミントは葉柄（葉と茎をつなぐ部分）を指でちぎって取り除き、葉のみを計量する。

- - - - - - - - - - - -
POINT スペアミントの葉は最後まで漉して取り除くなどせずそのまま使うため、固い柄の部分（葉柄）が混じると舌ざわりに影響するうえに、香りを抽出する際にえぐみが強くなる。

2 イタリアンメレンゲをつくる。鍋にグラニュー糖と水を入れて強火にかけ、118〜120℃になるまで煮詰める。

3 2が沸騰しはじめたらミキサーボウルに卵白を入れ、中高速で泡立てはじめる。ボリュームが出て白っぽくなり、ふんわりしてきたら低速に落とし、2をミキサーボウルの内側側面に沿わせるようにして少しずつそそぐ。

4 中高速に切り替え、さらに泡立てる。つやが出て、ホイッパーですくうと角がピンと立ち、人肌程度の温度に冷めるまで撹拌する。

POINT 目安は、湯気が出なくなり、ミキサーボウルの底に手をあてたときに温度を感じない程度。熱いシロップをメレンゲにそそぐと、卵白の気泡に蒸気が入っていったん全体がブワーッと膨らんだ状態になるが、撹拌しているうちに熱がとれ、膨らんだ気泡も落ち着いてくる。ボリュームが減り、それ以上落ちない状態まで撹拌し続けると、ちょうど適温になる。充分に温度が下がるまで泡立てると、保形性が高く、つやのあるメレンゲになる。また、高速で泡立てるのもNG。まだ温度が充分に下がらないうちに、角がピンと立つ状態になってしまうからだ。ここで撹拌を止めると、メレンゲの中に熱がこもった状態になり、蒸気がたまる。この蒸気が、のちにクレーム・アングレーズやクレーム・フエッテと合わせる際に水分となって離水し、ムースの失敗の原因になる。

5 メレンゲをボウルに移し、カードである程度平らに広げ、冷蔵庫で15℃になるまで冷やす。

POINT メレンゲが冷えていないと、このあとベースとなるクレーム・アングレーズ、クレーム・フエッテと合わせる際にスムーズに混ざらない。離水して分離する原因になる。冷蔵庫に入れる際は、温度のムラができないよう、ボウルの中で軽く平らにならしておくと全体を均一に冷やすことができる。

6 クレーム・アングレーズをつくる。鍋に牛乳を入れ、強火にかける。沸騰直前に火を止め、スペアミントの葉を加え、ふたをせずにそのまま2〜3分おいてミントの風味を抽出する。

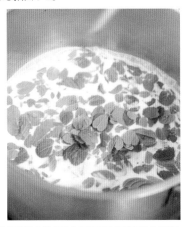

POINT ここでミントの風味を出しすぎるとえぐみや渋みの原因になる。このあと一緒に炊くので、ここでは香りを移す程度にする。

7 ボウルに卵黄とグラニュー糖を入れ、泡立て器ですり混ぜる。

8 7を6に、泡立て器で混ぜながら、とびちらないようにゆっくりと流し入れる。

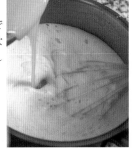

9 ゴムベラで混ぜながら、中火で82〜83℃になるまで煮詰めてとろみをつける。底が焦げないように注意。白い細かい泡が消えてなめらかな状態になったら火を止める。ゴムベラで混ぜてキメをととのえてからボウルに移す。

10 水けをしっかりきった板ゼラチンを加え混ぜ、溶かす。ボウルの底を氷水にあてながら混ぜてとろみをつける。蒸気が出なくなったら(約35℃)、ミントリキュールを加える。

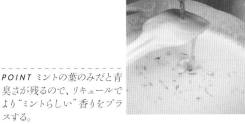

POINT ミントの葉のみだと青臭さが残るので、リキュールでより〝ミントらしい〟香りをプラスする。

11 ときどき混ぜながら、20℃になるまで冷やす。

12 クレーム・アングレーズを冷やしている間に、2種類の生クリームをミキサーボウルに入れ、泡立てる。ボリュームが出はじめ、ホイッパーですくい上げるととろとろと流れ、跡が残るくらいの7分立てが目安。使用直前まで冷蔵庫で冷やしておく。

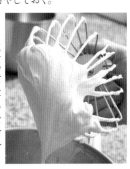

POINT 使用するときは9分立てのクレーム・フエッテにするが、この時点でここまで泡立ててしまうと、冷やしている間に脂肪球の結合が進み、締まった状態になる。途中の状態まで泡立てておき、いったん冷蔵庫に入れ、使う直前に9分立てにする。

13 クレーム・アングレーズを冷やしている間に、凍らせておいたジェノワーズ・ショコラの中生地に、刷毛でシロップを1.6gずつ打つ。使用直前まで冷凍庫に入れておく。

14 クレーム・アングレーズが適温になったら、氷水からはずす。冷やしておいた生クリームを冷蔵庫から出し、泡立て器で泡立てて9分立てのクレーム・フェッテ(11℃)にする。クレーム・フエッテの4分の1量をクレーム・アングレーズに加えて、泡立て器で混ぜる。だいたい混ざったら、クレーム・フエッテを入れたボウルに2回に分けて加え、そのつど軽く切り混ぜる。

15 イタリアンメレンゲを冷蔵庫から出し、ゴムベラで全体を混ぜて温度にムラがないようにする。

POINT ここでのイタリアンメレンゲの温度は15℃。ここで温度にムラがあると次の工程でほかのベースと混ぜ合わせづらくなり、混ぜる回数が増えてメレンゲの泡がつぶれてしまう。

16 イタリアンメレンゲに14の3分の1量を加え、泡立て器で泡をつぶさないようにやさしく混ぜる。

17 まだメレンゲの筋が残っている状態(写真)で残りの14を加え、泡立て器で底からすくい上げるようにしながら混ぜる。

POINT 合わせるときの温度帯は、メレンゲは15℃、クレーム・フエッテは11℃、クレーム・アングレーズは20℃。温度帯がベストな状態でそろっているときれいに混ざり、ふんわりとボリュームのある軽いムースに仕上がる。混ぜる回数が多くなると、口あたりの悪いベタッとしたムースになってしまう。ここで混ぜすぎるとふんわりとしたテクスチャーがなくなるので、多少メレンゲの白い筋が見える状態(写真)で混ぜるのをやめる。ここで完全に混ざっていなくても、絞り袋に入れて絞っていくうちに自然に混ざる。

組立て1 (直径6×高さ4cmのセルクルを使用)

1 オーブンシートを敷いたプラックに冷やしておいた直径6×高さ4cmのセルクルを並べる。これをひと回り大きい板の上に置く。マーブル台の上に直接プラックを置くと、作業中にムースが冷えすぎて固まってくるため。

2 逆さ仕込みでつくる。ムース・マントを口径16.5mmの丸口金を付けた絞り袋に入れ、セルクルに高さ7分目まで絞り入れる。

3 凍らせておいたジェノワーズ・ショコラの中生地を、シロップを打った面を下にしてのせて軽く押さえる。冷凍庫で冷やし固める。

ムース・ショコラ (45〜48個分)

- パータ・ボンブ(下記の分量でつくり、250g使用)
  - グラニュー糖……300g
  - 水……100g
  - 卵黄……200g
- 生クリーム(乳脂肪分47%と38%を同割で配合)*1……333g
- ダークチョコレート(カカオ分71%)*2……190g
*1 冷蔵庫で冷やす
*2 湯煎で溶かして42℃に調整する

1 パータ・ボンブをつくる。鍋にグラニュー糖と水を入れて強火にかけ、112℃まで煮詰める。

2 ボウルに卵黄を入れて溶きほぐし、1を少しずつそそいで泡立て器で混ぜる。

3 シノワで漉しながらミキサーボウルに入れる。

4 ホイッパーを装着し、中速で白っぽく、とろとろと流れる状態になり、約26℃に冷めるまで撹拌する。

5 ボウルに2種類の生クリームを入れ、泡立て器で6分立てにする。泡立て器ですくい上げると、とろとろと流れ、積もった跡がすぐ消える状態。

6 溶かして42℃に調整したダークチョコレートに**4**のパータ・ボンブを加え、泡立て器で混ぜる。

- - - - - - - - -
POINT チョコレートの温度が低いと固まってしまい、逆に温度が高すぎると、次に生クリームを加えたときに分離してしまう。
- - - - - - - - -

7 **5**の3分の1量を**6**に加え、泡立て器でしっかりと混ぜ合わせる。

8 残りの**5**を加え、底からすくい上げるようにしながらしっかりと混ぜ合わせる。

- - - - - - - - -
POINT チョコレートが全体にいきわたって均一な状態になるように。チョコレートが部分的に残るとそこだけ固まり、食感に違和感が出る。また、しっかり混ざっていないと、あとから生クリームが分離してしまうので注意。
- - - - - - - - -

組立て2

1 口径1.5cmの丸口金を付けた絞り袋にムース・ショコラを入れ、組立て**1-3**の上に絞る。この作業は仕込んだ翌日、ムース・マントをしっかり固めてから行う。

2 L字パレットナイフで表面を平らにならしてすり切る。

3 冷凍しておいたジェノワーズ・ショコラの直径6cmの底生地にシロップを2gずつ打ち、シロップを打った面を下にして**2**の上にのせる。冷凍庫で冷やし固める。

仕上げ (50個分)

- ナパージュ・ヌートル……100g
- ミントリキュール(バカルディ「ペパーミントジェット27」)……6.6g
- キルシュ……6.6g
- ムース・ショコラ……適量
- メレンゲ(飾り)……適量

1 ナパージュ・ヌートルとミントリキュール、キルシュをよく混ぜる。

2 組立て**2-3**を上下逆さにして置き、**1**をムース・マントの上面にパレットナイフで薄く塗る。

3 セルクルの側面をバーナーで温めてセルクルをはずす。上面の中央にムース・ショコラを少量絞り、メレンゲをのせる。

カリッとした食感 で主張をもたせる「ムラング・シャンティイ・キャラメル」

スイスメレンゲにラム酒をきかせたシャンティイで香り高く

ムラング・シャンティイは、パリ修業時代に食べてフランス菓子の原点を知った思い出の菓子です。定番の構成はそのまま、より印象的になる工夫をしました。メレンゲは卵白と砂糖を湯煎で加熱しながら泡立てるスイスメレンゲを採用。保形性も高く、しっかりとした食感に仕上がります。クレーム・シャンティイには、ほろ苦いキャラメルソースにラム酒をたっぷり合わせたキャラメル・ラムを配合。カリッとした歯ざわりのあと、崩れて消えるメレンゲと、口の中に広がる濃厚で香り高いシャンティイとの味わいのバランスが絶妙です。

ムラング・スイス(40個分)

- 卵白……200g
- グラニュー糖*……300g
- 粉糖A*……100g
- 皮付きスライスアーモンド(生)……適量
- 粉糖B……適量
- * ふるう

1 ミキサーボウルに卵白とグラニュー糖を入れ、中火にかけながら泡立て器で撹拌し、55℃まで加熱する。

2 1をミキサーにセットしてホイッパーを装着し、中速で泡立てる。全体につやが出て、ホイッパーですくうと角ができ、少し垂れるくらいの状態になったらミキサーからはずす。

3 ふるった粉糖Aを加え、ゴムベラでさっくりと混ぜ合わせる。

4 口径15mmの丸口金を付けた絞り袋に3を入れ、オーブンシートを敷いた天板の上に長径6×短径5.5cmの楕円形に絞る。

5 スライスアーモンドをちらし、粉糖Bを茶漉しでふる。140℃のデッキオーブンに入れ、ダンパーを開け、50分焼成する。オーブンのスイッチを切り、そのまま余熱で1晩乾燥させる。

キャラメル・ラム(つくりやすい分量)

- 生クリーム(乳脂肪分38%)……130g
- バター……30g
- バニラビーンズ*……1/3本
- バニラペースト……1g
- グラニュー糖……110g
- ラム酒……40g
- * サヤから種を出す。サヤも使う

1 鍋に生クリーム、バター、バニラビーンズのサヤと種、バニラペーストを入れ、中火にかけて沸騰させる。

2 別の鍋にグラニュー糖を入れ、強火にかけて煮詰める。全体に茶色くなり、煙が出はじめる180℃になったら火を止め、1をそそいで泡立て器で混ぜる。

3 ボウルに移し、粗熱がとれたらラム酒を加え混ぜる。ラップをかけて表面に密着させ、冷蔵庫で冷やす。

シャンティイ・キャラメル・ラム
(6個分)

- 生クリーム(乳脂肪分47%)……160g
- キャラメル・ラム……80g
- グラニュー糖……24g

1 ボウルに生クリーム、キャラメル・ラム、グラニュー糖を入れ、泡立て器で角がピンと立つ9分立てまで泡立てる。

組立て

1 ムラング・スイスを、焼き面を下にして2個で1組になるように並べる。

2 シャンティイ・キャラメル・ラムを8切・口径11mmの星口金を付けた絞り袋に入れ、1の半量の上面に絞る。

3 2のシャンティイ・キャラメル・ラムの上に残りの1を、焼き面が外側になるように重ねる。

4 ケーキトレーの上にシャンティイ・キャラメル・ラムを接着用に少量絞り、3を横長に立ててのせる。

5 4の上にシャンティイ・キャラメル・ラムを、メレンゲと同じくらいの高さの山形になるように絞る。

6 キャラメル・ラムを絞り袋に入れて先端をカットし、1個につき3gずつ、5の上に絞る。

サクッのあとにスーッと消える「ショーモンテ」

牛乳とアーモンドを配合したメレンゲ独特の食感があとをひく

フランス・バスク地方を旅したときに出合った「リデアル・ショーモンテ」という菓子が原型のオリジナルです。フレンチメレンゲに牛乳とアーモンドパウダーを配合したパータ・セヴィニエという生地が面白いと思い、商品化しました。牛乳を配合しているため焼くとフワーッと膨らんで落ちる生地ですが、冷めるとサクッとした歯ざわりのあとにスーッと消える独特の食感が生まれます。クレーム・オ・ブールをサンドし、サワーチェリーでつくった酸味が立つジュレを間に絞ってキレを出しました。また、クリームに刻んだオレンジコンフィを混ぜると、ネチッとした食感も加わって面白いです。

パータ・セヴィニエ(45個分)

- 表面用
  - 卵白……125g
  - グラニュー糖A……50g
  - グラニュー糖B……75g
  - タン・プール・タン*1……100g
  - 牛乳*2……25g
- 本体用
  - 卵白……375g
  - グラニュー糖A……150g
  - グラニュー糖B……225g
  - タン・プール・タン*1……300g
  - 牛乳*2……75g
  - 皮付きスライスアーモンド……適量

＊1　ふるう
＊2　室温に置く

1 表面にまぶす生地をつくる。ミキサーボウルに卵白とグラニュー糖Aを入れ、ホイッパーを装着して中高速で泡立てる。

2 全体が白っぽくなり、ボリュームが出てきたら、グラニュー糖Bを2回に分けて加える。さらに泡立て、ホイッパーですくうと角ができ、少し垂れるくらいの状態になったらミキサーからはずす。

3 ふるったタン・プール・タンを加え、ゴムベラでさっくりと混ぜ合わせる。牛乳を加えて混ぜ合わせる。

4 口径16mmの丸口金を付けた絞り袋に**3**を入れ、オーブンシートを敷いた天板の上に長さ8cmの棒状に絞る。

5 下にもう1枚天板を重ね、ダンパーを開けた140℃のデッキオーブンに入れ、50分焼成する。オーブンから取り出し、室温に置いて冷ます。

6 **5**を細かく砕いてパウダー状にする。

7 本体用の生地をつくる。つくり方は表面用の生地と同じ。天板に絞ったらアーモンドスライスをのせ、**6**を表面にたっぷりふり、天板を傾けて余分を落とす。同様に焼成し、冷ます。

ジュレ・スリーズ (40～45個分)

- サワーチェリー(冷凍・長野県小布施町産)*1……100g
- グラニュー糖*2……20g
- LMペクチン*2……1g

＊1　スティックミキサーなどでピュレ状にする
＊2　よく混ぜ合わせる

1 鍋にピュレ状にしたサワーチェリーと、合わせたグラニュー糖とペクチンを入れ、泡立て器で混ぜながら中火にかける。沸騰したら火を止め、バットに広げ、冷ます。

組立て・仕上げ (10個分)

- クレーム・オ・ブール*……400g
- パータ・セヴィニエ(砕いたもの)……適量

＊　材料とつくり方はP.016「ガトー・ダマンド」参照。室温にもどす

1 ミキサーボウルにクレーム・オ・ブールを入れ、ビーターを装着して低速でしっかり撹拌し、空気を含ませる。

2 本体用のパータ・セヴィニエは2個1組で使用する。クレーム・オ・ブールを口径13mmの丸口金を付けた絞り袋に入れ、パータ・セヴィニエ1個の焼き面の上に25gずつ絞る。

3 口径8mmの丸口金を付けた絞り袋にジュレ・スリーズを入れ、**2**の上に2.5gずつ絞り、その上にクレーム・オ・ブールを15gずつ絞る。

4 組みになるパータ・セヴィニエを、焼き面を上にして**3**の上にのせ、軽く押さえて接着する。はみ出たクリームをパレットナイフでならす。

5 砕いたパータ・セヴィニエを**4**の側面に付ける。

さまざまな食感 が楽しめる

「シブースト」

完成された伝統菓子の構成を尊重し、細部で個性を表現

「シブースト・カシス」(P.139) が創作菓子であるのに対し、伝統を継承したスタイルがこのシブーストです。ふんわりとしたクレーム・シブースト、その表面を覆うパリッとこうばしいキャラメリゼ、サクサクのパート・ブリゼとなめらかな口あたりのアパレイユ、みずみずしいリンゴのソテー。シンプルな構成でありながら、さまざまな食感が楽しめる完成された菓子なので、これを生かすことを最大限に考えました。リンゴは旨みを引き出す火入れで凝縮感のあるソテーに仕上げ、カルヴァドスを香らせて大人の味わいに寄せています。

パート・ブリゼ*
（直径6.5×高さ1.5cmのタルトリングを使用）

- ・塗り卵（卵黄）……適量
- ＊ 生地の材料とつくり方はP.136「タルト・タタン」参照。「つくりやすい分量」の半量で25個分

1 パート・ブリゼを打ち粉（分量外）をしながらシーターで厚さ2.5mmにのばす。直径9cmの円形の抜き型で抜き、直径6.5×高さ1.5cmのタルトリングに敷き込む。型からはみ出た余分な生地をパレットナイフかカードで切り落とす。切り口が、型の外側に向かって斜め下になるように切る。オーブンシートを敷いたプラックに並べ、冷凍庫に20分置いて生地を固める。

2 天板に並べ、ケーキカップなどをのせ、重石を縁まで入れる。ダンパーを開けた180℃のコンベクションオーブンで25分焼成したのち、ケーキカップごと重石を取り、タルトリングをはずして、色づくまで10分焼成する。

3 塗り卵を刷毛で内側全体にていねいに塗る。ダンパーを開けた180℃のコンベクションオーブンでさらに4〜5分焼成して卵にしっかり火を通す。

リンゴのソテー （25個分）

- ・リンゴ（紅玉、皮と芯を除く）……600g
- ・グラニュー糖……60g
- ・バター……18g
- ・カルヴァドス……12g

1 鍋にリンゴを入れ、グラニュー糖とバターを加え、ふたをして中火にかける。2分くらい経過し、グツグツと音がして水分が出はじめたらふたを取る。ときどき木ベラで混ぜ、さらに水分が出て鍋底にたまるようになったら強火にし、炒めるようにして混ぜながら、水分がなくなるまで加熱する。

2 水分が完全にとんだら、カルヴァドスをそそいでフランベする。ボウルに移し、冷ます。

アパレイユ （25個分）

- ・牛乳……140g
- ・生クリーム（乳脂肪分38%）……140g
- ・グラニュー糖……56g
- ・全卵……67g

1 鍋に牛乳、生クリーム、グラニュー糖を入れ、中火にかけて沸騰させ、火を止める。

2 ボウルに全卵を入れ、泡立て器で溶きほぐす。

3 1の粗熱がとれたら2にそそぎ、混ぜる。シノワで漉しながら別のボウルに移す。ラップをかけて表面に密着させ、冷蔵庫に1晩置く。

組立て1・焼成

1 空焼きしたパート・ブリゼにリンゴのソテーを20gずつスプーンで入れ、シルパットを敷いた天板に並べる。

2 アパレイユを9分目まで流し入れる。

3 190℃のデッキオーブンで25分焼成する。粗熱がとれたら冷蔵庫で冷やす。

クレーム・シブースト
（直径6×高さ4cmのセルクルを使用＊1／25個分）

- ・クレーム・パティシエール
  - ・卵黄……180g
  - ・グラニュー糖……180g
  - ・強力粉＊2……35g
  - ・コーンスターチ＊2……35g
  - ・牛乳……750g
- ・板ゼラチン＊3……12g
- ・イタリアンメレンゲ
  - ・グラニュー糖……400g
  - ・水……133g
  - ・卵白……200g

- ＊1 OPPシートを敷いたプラックの上に並べる
- ＊2 合わせてふるう
- ＊3 冷水でもどし、水けをきる

1 クレーム・パティシエールをつくる。ボウルに卵黄とグラニュー糖を入れ、泡立て器ですり混ぜる。

2 強力粉とコーンスターチを加え、つやが出るまで混ぜる。

3 牛乳を沸騰直前まで加熱する。ここからレードル1杯分を2に加え混ぜる。

4 3をシノワで漉しながら、牛乳の鍋にとびちらないように注意しながら戻し入れる。

5 強火にかけ、泡立て器で絶えず混ぜながら炊く。沸騰して強いとろみがつき、さらに混ぜているうちにコシが切れて表面につやが出てきたら火を止める。

6 水けをしっかりきった板ゼラチンを加え、ゴムベラで混ぜて溶かす。ボウルに移し、底を氷水にあて、ときどき混ぜながら30℃になるまで冷やす。

7 同時進行でイタリアンメレンゲをつくる。鍋にグラニュー糖と水を入れて強火にかけ、118〜120℃になるまで煮詰める。沸騰しはじめたらミキサーボウルに卵白を入れ、中高速で泡立てはじめる。ボリュームが出て白っぽくなり、ふんわりしてきたら低速に落とし、シロップをミキサーボウルの内側側面に沿わせるようにして少しずつそそぐ。中高速に切り替え、さらに泡立てる。つやが出て、ホイッパーですくうと角がピンと立ち、人肌程度の温度に冷めるまで撹拌する。

8 6を氷水からはずし、イタリアンメレンゲの3分の1量を加え混ぜる。半分ほど混ざったら残りのメレンゲを2回に分けて加え、そのつど混ぜる。

9 口径18mmの丸口金を付けた絞り袋に入れる。用意した直径6×高さ4cmのセルクルに、半分くらいの高さまで絞り入れる。冷凍庫で冷やし固める。

組立て2・仕上げ

・クレーム・ディプロマット＊(接着用)……適量

・グラニュー糖……適量

＊ クレーム・パティシエールに、重量の30%のクレーム・シャンティイ(乳脂肪分47%の生クリームに10%加糖し、9分立てに泡立てたもの)を合わせたもの

1 クレーム・ディプロマットを口径12mmの丸口金を付けた絞り袋に入れ、組立て1・焼成–**3**の上面中央に少量絞る。

2 クレーム・シブーストを冷凍庫から出して底面を上にして置き、セルクルの側面をバーナーで温める。

3 周囲が少しゆるんだら**1**の上に置き、上から指でクレーム・シブーストをゆっくり押してセルクルから抜く。冷凍庫で冷やし固める。

4 上面にグラニュー糖を均一にふり、バーナーであぶってキャラメリゼする。この作業をもう1回くり返す。

フルーツを感じる
噛みごたえ
「ムース・フレーズ・リュバーブ」

種や繊維を残した
果物のピュレで炊くアングレーズで存在感を出す

ふんわりと繊細で軽やかな口溶けが身上のムース。ですが、このプチガトーは、素材の味わいを強く打ち出し「噛んで食べておいしいムース」をめざして完成させました。相性のよいイチゴとリュバーブを組み合わせ、それぞれ種や繊維は漉さずに使用。また、牛乳の代わりにピュレ状にしたイチゴ、リュバーブを使ってアングレーズを炊きました。これらの手法により、濃縮感のある果実の食感と旨みがしっかり感じられるようになります。ジェノワーズは、アーモンドパウダーを配合して、ムースの個性に負けないもっちりとしたテクスチャーに仕上げています。

161

ジェノワーズ・ショコラ

（40×30×高さ5cmのカードル1台使用／54個分）

- ・全卵……715g
- ・グラニュー糖……543g
- ・薄力粉*1……400g
- ・アーモンドパウダー*1……85g
- ・ココアパウダー*1……57g
- ・バター*2……128g
- ・牛乳*2……57g

*1 それぞれふるって合わせる
*2 合わせてバターを溶かし、50℃に調整する

1 ミキサーボウルに全卵、グラニュー糖を入れ、グラニュー糖が全体にいきわたるまで泡立て器ですり混ぜる。

2 1をミキサーにセットし、ホイッパーを装着して中〜高速で泡立てる。

3 空気を含んで白っぽくなり、ボリュームが出たら（7分立てくらいのイメージ）、ミキサーからはずす。合わせた薄力粉、アーモンドパウダー、ココアパウダーを加え、カードを使って粉けがなくなるまで切り混ぜる。

4 バターと牛乳を加え、つやが出るまでしっかり混ぜ合わせる。

5 天板の上にオーブンシートを敷き、40×30×高さ5cmのカードルをのせる。4を流して表面をL字パレットナイフで平らにならす。下にもう1枚天板を重ね、190℃に予熱をしたデッキオーブンに入れ、170℃に下げて40分焼成する。オーブンから取り出し、室温に置いて冷ます。

6 波刃包丁で厚さ1cmに3枚スライスする。焼き面は使わない。

イタリアンメレンゲ （54個分）

- ・グラニュー糖……250g
- ・水……125g
- ・卵白……83g

1 鍋にグラニュー糖と水を入れて強火にかけ、118〜120℃になるまで煮詰める。

2 1が沸騰しはじめたらミキサーボウルに卵白を入れ、中高速で泡立てはじめる。ボリュームが出て白っぽくなり、ふんわりしてきたら低速に落とし、1のシロップをミキサーボウルの内側側面に沿わせるようにして少しずつそそぐ。

3 中高速に切り替え、さらに泡立てる。つやが出て、ホイッパーですくうと角がピンと立ち、人肌程度の温度に冷めるまで撹拌する。

4 3をボウルに移し、カードである程度平らに広げ、冷蔵庫で15℃になるまで冷やす。

シロップ （54個分）

- ・シロップ（ボーメ30度）……250g
- ・キルシュ……250g

1 材料を混ぜ合わせる。

ムース・リュバーブ （54個分）

- ・卵黄……102g
- ・グラニュー糖 ……90g
- ・リュバーブのピュレ（または、フレッシュをスティックミキサーでピュレ状にする）……383g
- ・レモン果汁……21g
- ・板ゼラチン*1……18g
- ・生クリーム（乳脂肪分38%）*2……383g
- ・イタリアンメレンゲ……187g

*1 冷水でもどし、水けをきる
*2 冷蔵庫でよく冷やす

1 ボウルに卵黄とグラニュー糖を入れ、泡立て器ですり混ぜる。

2 鍋にリュバーブのピュレとレモン果汁を入れ、強火にかける。沸騰直前に火を止め、1をとびちらないようにゆっくりと流し入れる。

3 ゴムベラで絶えず鍋底を掻くようにして混ぜながら、中火で82〜83℃になるまで煮詰めてとろみをつける。底が焦げないように注意すること。

4 火からおろし、水けをしっかりきった板ゼラチンを加え混ぜ、溶かす。そのままボウルに移し、ボウルの底を氷水にあて、ときどき混ぜてとろみがつく20℃になるまで冷やす。

5 その間に生クリームを泡立てる。ボリュームが出はじめ、下に垂らすと跡が残るくらいの7分立てが目安。使用直前まで冷蔵庫で冷やす。

6 4が適温になったら氷水からはずす。

7 冷やしておいた生クリームを冷蔵庫から出し、泡立て器で泡立てて9分立てのクレーム・フエッテにする。これを6に加え、泡立て器で底からすくい上げるようにしながら混ぜる。

8 イタリアンメレンゲを冷蔵庫から出し、ゴムベラで全体を混ぜて温度にムラがないようにする。これを7に一度に加え、泡立て器で底からすくい上げるようにしながら混ぜる。

組立て

1 プラックに OPPシートを敷き、40×30×高さ5cm のカードルをのせる。

2 スライスしたジェノワーズ・ショコラを1枚入れ、シロップの3分の1量を刷毛で打つ。

3 ムース・リュバーブを流し、L字パレットナイフで平らにならす。2枚目のジェノワーズ・ショコラを重ね、残りのシロップの半量を打ち、冷凍庫で冷やし固める。

ムース・フレーズ （54個分）

- 卵黄……102g
- グラニュー糖……90g
- イチゴのピュレ……191g
- イチゴ（スティックミキサーなどでピュレ状にする）……191g
- レモン果汁……21g
- キルシュ……25g
- 板ゼラチン*1……18g
- 生クリーム（乳脂肪分38%）*2……383g
- イタリアンメレンゲ……187g

*1 冷水でもどし、水けをきる
*2 冷蔵庫でよく冷やす

1 ボウルに卵黄とグラニュー糖を入れ、泡立て器ですり混ぜる。

2 鍋にイチゴのピュレ、ピュレ状にしたイチゴ、レモン果汁を入れ、強火にかける。

3 沸騰直前に火を止め、1をとびちらないようにゆっくりと流し入れる。あとはムース・リュバーブを参照してつくる。キルシュは、82～83℃まで加熱したベースを冷ます途中で、粗熱がとれた段階で加える。

4 組立て-3を冷凍庫から出し、3を流してL字パレットナイフで平らにならす。3枚目のジェノワーズ・ショコラを重ね、残りのシロップを上面に打ち、冷凍庫で冷やし固める。

仕上げ

- 粉糖……適量
- クレーム・シャンティイ*……適量
- イチゴ……適量

* 乳脂肪分47%の生クリームに10%加糖し、9分立てに泡立てたもの

1 ムース・フレーズ-4を冷凍庫から出し、バーナーで側面を温めてカードルをはずす。

2 バーナーで温めた包丁で端を切り落とし、7.6×3.5cmに54個カットする。

3 上面に粉糖を茶漉しでふり、サントノーレ口金を付けた絞り袋にクレーム・シャンティイを入れ、斜めに4つ絞る。

4 薄切りにしたイチゴを飾る。

アンティークの棚に並ぶ焼き菓子は、フランス伝統菓子を中心に約30品をラインナップ。鮮度を保つため、こまめに焼いて補充している。
ほかにコンフィチュールやコンフィズリーも販売している。

6

素材の個性を存分に生かす

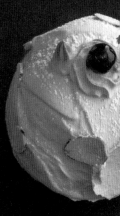

カシスのえぐみ を
生かす
「ディジョネーズ」

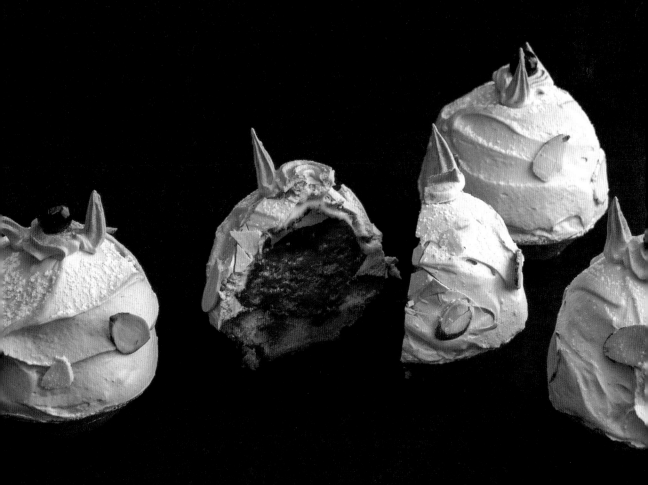

乳製品と組み合わせて、カシスのえぐみをまろやかに

独特の色と酸味、ほのかな苦みとえぐみが特徴のカシスは、砂糖との相性がよく、菓子に取り入れやすい素材です。ただ、えぐみを気にして使用量を控えると味わいがぼやけ、多すぎるとそのえぐみが不快に感じられるという難点が。そこで、すべてのパーツにカシスを組み込み、乳やバターの旨みでカシスの個性を引き立てつつ、そのえぐみを包み込むことで、まろやかな味わいを表現しました。カシスの食感、味、香りが複合的に楽しめる構成にしています。

ジュレとタルト台に焼き込んだカシスで果実味を打ち出す

センターに組み込んだムースは、カシスのピュレでつくるクレーム・パティシエールをベースとして採用。ぷるんとした食感とバターの乳味とコクが印象的です。これに、クレーム・ド・カシスを配合して砂糖を控え、あえてえぐみを強調したカシスのジュレを組み合わせ、みずみずしさと味のコントラストを打ち出しました。さらに、冷凍カシスをタルト台に埋め込むことで、凝縮した果実味が感じられるようにしています。

ムラング・カシスで食感と味わいにメリハリをつける

最初に口に入るのは、表面のムラング・カシス。もわんとした食感と同時に広がるカシスの味わいでこの菓子のテーマを伝えます。このニュアンスをジュレ・カシスの酸味とえぐみ、アルコール感がスパンと断ち切ることで、カシスらしさがぐっと強調されます。

パート・シュクレ*

(直径6×高さ1.5cmのタルト型を使用)

* 生地の材料とつくり方はP.050「バルケット・ムラング」参照。でき上がり
  400gで27個分

1 パート・シュクレを作業台に置き、打ち粉(分量外)を
しながらシーターで厚さ2.2mmにのばす。直径8cm
の円形の抜き型で抜き、直径6×高さ1.5cmのタル
ト型に敷き込む。型からはみ出た余分な生地をパレ
ットナイフかカードで切り落とす。切り口が、型の外
側に向かって斜め下になるように切る。オーブンシー
トを敷いたプラックに並べ、冷凍庫に20分置いて
生地を固める。

クレーム・フランジパーヌ (27個分)

- クレーム・ダマンド*1……400g
- クレーム・パティシエール*2……200g

*1 材料とつくり方はP.050「バルケット・ムラング」参照。室温にもどす
*2 材料とつくり方はP.025「タルト・サントロペ」参照。室温にもどす

1 クレーム・ダマンドとクレーム・パティシエールをそ
れぞれボウルに入れてゴムベラで混ぜ、やわらかく
する。

2 クレーム・ダマンドをクレーム・パティシエールを入
れたボウルに加え、ゴムベラでよく混ぜ合わせる。

組立て1・焼成 (27個分)

- カシス(冷凍)……54粒
- クレーム・ド・カシス……81g

1 パート・シュクレ-1をプラックに並べ、クレーム・フ
ランジパーヌを12gずつパレットナイフで入れる。

2 カシスを2粒ずつ中央に並べる。

POINT カシスは底に並べて焼くと焦げやすくなるので、クレー
ム・フランジパーヌの間に挟んで配置する。

3 2の上にクレーム・フ
ランジパーヌを10g
ずつのせ、パレットナ
イフで表面が平らに
なるようにすり切る。

4 天板に並べ、180℃のコンベクションオーブンで45
分焼成する。

POINT 深めのタル
ト型を使用している
ため、長時間焼か
ないと中まで火が
通らない。表面もタ
ルト生地の底もしっ
かり濃い茶色の焼
き色がつくまで焼成
する。少し焦げたよ
うな、焼ききった味
わいが、カシスのえ
ぐみに合う。

5 4が熱いうちにクレーム・ド・カシスを刷毛で3gずつ
打ち、冷ます。

ジュレ・カシス

(直径4.5×深さ2.4cmのドーム型48個取りのフレキシパンを使用/48個分)

- カシスのピュレ……200g
- レモン果汁……20g
- クレーム・ド・カシス……20g
- グラニュー糖……20g
- 板ゼラチン*……6g

* 冷水でもどし、水けをきる

1 板ゼラチン以外の材料を鍋に入れ、泡立て器で混
ぜながら強火にかける。70℃になったら水けをきった
板ゼラチンを加え混ぜ、溶けたら火を止める。

2 1をデポジッターに入
れ、直径4.5×深さ
2.4cmのドーム型48
個取りのフレキシパン
に等分に流し入れる。

3 冷凍庫でしっかり冷やし固める。

ムース・カシス<small>（48個分）</small>

- イタリアンメレンゲ
  - グラニュー糖……160g
  - 水……50g
  - 卵白……80g
- クレーム・パティシエール・カシス
  - 牛乳……200g
  - カシスのピュレ……350g
  - レモン果汁……35g
  - 卵黄……140g
  - グラニュー糖……145g
  - コーンスターチ*1……50g
  - バター……35g
- 板ゼラチン*2……12g
- 生クリーム（乳脂肪分47%）……200g

＊1　ふるう
＊2　冷水でもどし、水けをきる

1 イタリアンメレンゲをつくる。鍋にグラニュー糖と水を入れて強火にかけ、118〜120℃になるまで煮詰める。

2 1が沸騰しはじめたらミキサーボウルに卵白を入れ、中高速で泡立てはじめる。ボリュームが出て白っぽくなり、ふんわりとしてきたら低速にし、1をミキサーボウルの内側側面に沿わせるようにして少しずつそそぐ。

3 高速に切り替えて泡立てる。つやが出て、ホイッパーですくって角がピンと立ったら中速に落とし、メレンゲが人肌程度の温度に冷めるまで撹拌する。

4 メレンゲをボウルに移し、カードである程度平らに広げて冷蔵庫で10℃になるまで冷やす。

POINT メレンゲが冷えていないと、このあとクレーム・パティシエール・カシス、クレーム・フェッテと合わせる際にスムーズに混ざらない。離水して分離の原因になる。ただし、冷やしすぎても締まって合わせづらくなるので適温を守る。

5 クレーム・パティシエール・カシスをつくる。鍋に牛乳を入れて強火にかけ、沸騰させる。

6 別の鍋にカシスのピュレとレモン果汁を入れて中火にかけ、泡立て器で混ぜながら沸騰直前まで加熱し、火を止める。

POINT 牛乳と、カシスのピュレとレモン果汁は別々に温める。カシスのピュレとレモン果汁を牛乳と合わせて火にかけると、カシスとレモンに含まれている酸がタンパク質に反応して分離するため。

7 ボウルに卵黄とグラニュー糖を入れ、泡立て器でよくすり混ぜる。

8 ふるったコーンスターチを加え、つやが出るまで混ぜる。

9 5を8にそそぎ、混ぜる。混ざったらシノワで漉して別のボウルに移す。

10 9を6に加えて"弱めの強火"にかけ、泡立て器で絶えず混ぜながら炊く。

POINT ピュレが配合されているため、粘度がついていて焦げやすい。一般的な強火よりは少し火を弱くして、焦げないように鍋底や鍋の側面に泡立て器がしっかりあたるようにしながら混ぜて炊く。

11 沸騰して強いとろみがつき、さらに混ぜているうちにコシが切れて表面につやが出て、ボコボコと沸騰した状態になったら火を止め、バターを加え混ぜる。

12 水けをしっかりきった板ゼラチンを加え、混ぜて溶かす。ボウルに移し、底を氷水にあてながらゴムベラで混ぜて22℃まで冷やす。

13 12を冷ましている間に、ボウルに生クリームを入れ、底を氷水にあてながら泡立て器で泡立てる。ボリュームが出はじめ、下に垂らすと跡が残るくらいの7分立てが目安。使用直前まで冷蔵庫で冷やす。

14 12が適温になったら氷水からはずす。

15 冷やしておいた生クリームを冷蔵庫から出し、泡立て器で泡立てて9分立てのクレーム・フエッテにする。クレーム・フエッテの温度は11℃。

16 イタリアンメレンゲを冷蔵庫から出し、ゴムベラで全体を混ぜて温度にムラがないようにする。

POINT ここでのイタリアンメレンゲの温度は10℃。温度にムラがあると次の工程でほかのベースと混ぜ合わせづらくなり、混ぜる回数が増えてメレンゲの泡がつぶれてしまう。

17 イタリアンメレンゲを14に一度に加え、泡立て器で泡をつぶさないように手ばやく混ぜる。

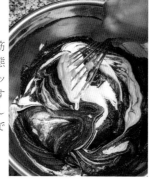

18 まだメレンゲの筋が残っている状態でクレーム・フエッテを加え、底からすくい上げるようにしながら泡立て器で混ぜる。

19 8割くらい混ざったらゴムベラに持ち替え、全体を混ぜて状態をととのえる。ここで混ぜすぎるとふんわりとしたテクスチャーがなくなるので、多少メレンゲの白い跡が見える状態で混ぜるのをやめる。絞り袋に入れて絞っていくうちに自然に混ざる。

組立て2

1 ムース・カシスを口径16.5mmの丸口金を付けた絞り袋に入れ、ジュレ・カシス-**3**の上にこんもりとドーム状に等分に絞る。冷凍庫でしっかり冷やし固める。

- -
POINT 仕上げの工程でオーブンに入れるので、ここで中までしっかり凍らせておかないと溶ける。

ムラング・イタリエンヌ・カシス (25個分)

- グラニュー糖……260g
- 水……43g
- カシスのピュレ……43g
- 卵白……130g

1 鍋にグラニュー糖、水、カシスのピュレを入れて強火にかけ、ゴムベラで絶えず焦がさないように混ぜながら118℃になるまで煮詰める。

- -
POINT 水分が少ないうえ、フルーツのピュレを配合しているため、どろっとした状態。絶えず混ぜながら煮詰めないと焦げてしまう。

POINT フルーツのピュレを配合している場合は、118℃以上に煮詰めると火のにおいがついてしまうので、適温を守る。

2 **1**が沸騰しはじめたらミキサーボウルに卵白を入れ、泡立て器で泡立てる。ボリュームが出て白っぽくなり、ふんわりとしてきたら、**1**を少しずつそそいで混ぜる。

- - - - - - - - - - -
POINT フルーツのピュレが入ったシロップは粘度がついているので、ミキサーで撹拌しながら加えると均一に混ざりにくい。手で、全体にしっかり混ざるように確認しながら行う。

3 シロップが全体にいきわたったらミキサーにセットし、中速で泡立てる。つやが出て、ホイッパーですくうと角がピンと立ち、さらに27℃に冷めるまで撹拌する。

- -
POINT このあとの仕上げの工程で塗る際に、これ以上温度が下がると塗りにくい。パサパサとした状態になり、作業中に割れてくる。

4 **3**をボウルに移し、カードである程度平らに広げて冷蔵庫で10℃になるまで冷やす。

組立て3・仕上げ

・皮付きスライスアーモンド*…… 適量
・粉糖……適量

* 180℃のオーブンで7〜8分ローストする

1 組立て2-1を型からはずし、ジュレ・カシスが上になる向きで組立て1・焼成-5の上にのせ、絞った跡の尖った部分を突きさすようにして押さえる。

2 ムラング・イタリエンヌ・カシスをパレットナイフでムース・カシスとジュレ・カシスの周囲に塗ってドーム形にととのえる。1個につき13g使用する。

3 残りのムラング・イタリエンヌ・カシスを6切・口径5mmの星口金を付けた絞り袋に入れ、**2**の上部中央にリング形に絞り、そのサイドに角のような形に絞る。フランス・ディジョンの市章に描かれたアヤメの花をイメージ。

4 ローストしたスライスアーモンドを側面に7〜8枚ずつ貼り付ける。

5 粉糖を茶漉しでふり、210℃のコンベクションオーブンで6分焼成し、表面を焦がす。

6 カシス1粒を上部に絞ったリングの中に入れる。

クルミの風味 を
最大限に引き出した
「カフェ・ノワ」

えぐみや渋みを生かして、クルミらしい味わいを表現

クルミのおいしさは、こうばしくまろやかな味わいのなかにあるほろ苦さ。しかし、菓子づくりにおいて、この味はなかなか表現しにくいと感じていました。試行錯誤の末、この味わいは薄皮にあることを発見。クルミの実の周りについている薄皮には苦みがあり、そのまま加工するとえぐみや渋みに変わるため、一般的には取り除いて使用します。でも、じつはこのえぐみや渋みこそがクルミ最大の個性。排除せず、生かす方向で考えて完成した菓子です。

ニュアンスの似た素材を合わせて、クセを抑える

薄皮付きのクルミを生地に配合すると、苦みが強く出てしまいました。しかし、アーモンドパウダーの割合を増やすと、クルミの味わいは薄まってしまう。そこで、エスプレッソ用のコーヒー豆の粉末を混ぜてみたところ、苦みに深みが出て、クルミの風味がぐっと強まりました。クルミとコーヒーは相性がよく、似たニュアンスがあります。

噛んだ瞬間に"クルミ"を感じる生地が主役

この菓子の主役は、クルミ入りのダックワーズ・カフェ。クルミは粒が残るように刻み、わずかな食感の変化で食べたときにクルミの味わいが広がるようにしました。厚めに焼成した生地の間には、自家製のクルミのプラリネを混ぜたクレーム・オ・ブールをサンド。クリームにしっかり空気を含ませると、口溶けがよくなり、生地の存在感も引き立ちます。

プラリネ・ノワ (つくりやすい分量)

- 皮付きクルミ(カリフォルニア産)……1000g
- グラニュー糖……500g
- 水……166g
- 塩……2.5g
- カカオバター*……100g

* 人肌程度の温度に溶かす

1 クルミは薄皮を付けたまま180℃のオーブンで25分焼成し、粗く刻む。

POINT 薄皮を付けたままキャラメリゼするため、焦げやすい。先にオーブンで空焼きしてクルミの中まで火を通し、鍋での火入れ時間を短くする。

2 銅鍋にグラニュー糖と水を入れて強火にかけ、112℃まで煮詰める。弱火にしてクルミと塩を入れ、木ベラで絶えず混ぜる。

3 くっついていたクルミがバラバラになり、表面に白く膜が張ったようになって結晶化したら中火にして、キャラメリゼしていく。底からすくい上げるようにして全体を絶えず混ぜながら、鍋肌にクルミがまんべんなくあたるようにして色をつけていく。

POINT 焦がさないように注意しながら全体をまんべんなく混ぜることが重要。混ぜ残しがあって一部が焦げると、完成したときに苦みが強く出てしまう。火が強すぎると感じたら火加減を調整する。全体にじんわり少しずつ火を入れるイメージ。

4 砂糖が溶けて少しつやが出て、アメがかったような状態になってからもさらに加熱を続ける。

POINT そのまま食べるプラリーヌなら写真の状態で完成。今回はバタークリームに混ぜて味が薄まることを想定し、より濃厚な味わいになるよう火入れを続ける。

5 さらに色が濃くなって焦げ茶色に色づき、こうばしさが立つようになったら火を止め、混ぜて余熱で全体の温度が均一になるようにする。

6 オーブンシートの上に移してくっつかないように広げ、室温で冷ます。食べるとほのかな苦みはあるが、焦げてはいない。

7 冷めたらロボクープで撹拌してペースト状にする。ここではまだクルミの粒が残っている状態。食感を残したい場合は、このまま使用。

8 コンチングマシンに入れ、ペースト状になるまで40〜50分撹拌する。

9 なめらかな状態になったら、溶かしたカカオバターを加え混ぜる。容器に移し、冷蔵庫で保管する。

ダックワーズ・カフェ

（48×33×厚さ1cm、3枚分／48個分）

- ・皮付きクルミ（カリフォルニア産）……300g
- ・卵白……915g
- ・グラニュー糖……180g
- A*・粉糖A……573g
- ・アーモンドパウダー……501g
- ・全粒粉……216g
- ・エスプレッソ用のコーヒー豆（粉末）……30g
- ・粉糖B……適量

＊ エスプレッソ用のコーヒー豆以外はそれぞれふるい、すべての材料を合わせておく。

1 クルミは薄皮を付けたまま、包丁で細かく刻む。

POINT 刻み方が粗いときれいに生地が膨らまない。ただ、パウダー状にしてしまうと生地になじみすぎて食感が残らないので、2mm角くらいの粒が残る程度に刻む。粒の大きさが多少異なるほうが食感に変化が出て、味わいの幅が広がる。

2 ミキサーボウルに卵白とグラニュー糖の4分の1量を入れ、中～高速で泡立てはじめる。空気を含んで白っぽくなってきたら、残りのグラニュー糖を2回に分けて加え、つやが出て角がピンと立つまで泡立てる。

3 ミキサーボウルをはずし、合わせたAの材料を加え、ゴムベラで切り混ぜる。

4 まだ粉けが残っている状態（写真下）で1を加えて混ぜる。全体が均一になってからもさらに少し、つやが出るまで混ぜる（写真右上）。

POINT つやが出るまで混ぜることで、きめの細かい生地になる。また、焼成中に生地が不均一に膨れたり、浮き上がったあとに落ちすぎたりしない。しっかりと泡立てたメレンゲの大きな気泡をややつぶすイメージ。

5 作業台に60×40cmのオーブンシート3枚を、それぞれ横長に置く。生地を3等分してのせ、それぞれに奥と手前に高さ1cmのバールをあて、組立てのときに使用する48×33cmのカードルよりもひとまわり大きくなるようにバールで平らに広げる。

POINT 一般的に生地を広げるときは「生地がダレるので、できるだけさわらずに手ばやく」といわれるが、この生地の場合は、ある程度ダレたほうがこのあとにふる粉糖が溶けやすくなるため、あまり気にする必要はない。

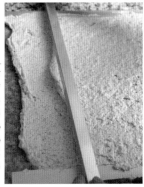

6 バールをはずし、粉糖Bを茶漉しで全体に薄くふる（写真右）。5分放置して、粉糖が部分的に溶けたら2枚重ねた天板の上にそれぞれのせ、ダンパーを開けた230℃のコンベクションオーブンで15分焼成する（写真下）。

クレーム・オ・ブール・ノワ (48個分)

- ・クレーム・オ・ブール*……1000g
- ・プラリネ・ノワ……200g
- ＊ 材料とつくり方は P.016「ガトー・ダマンド」参照

1 冷蔵庫から出したクレーム・オ・ブールをミキサーボウルに入れ、ビーターを付けた低速のミキサーで撹拌する。

2 なめらかになったら、室温にもどしたプラリネ・ノワを少しずつ加えながら撹拌する。全部加えたら中速に切り替え、均一でなめらかな状態になるまで撹拌する。

POINT クリームにボリュームが出て、ボウルの側面内側からずり落ちることがなくなればベストな状態。

4 2枚目のダックワーズ・カフェを、焼き面を下にしてのせ、手で軽く押さえて接着する。

5 残りのクレーム・オ・ブール・ノワをのせ、**3**と同様に広げる。

6 3枚目のダックワーズ・カフェを、焼き面を上にしてのせ、手で軽く押さえて接着する。オーブンシートをかぶせてプラックをのせて押さえ、生地とクリームをしっかりと平らに接着し、冷凍庫に入れて固める。

7 作業台に**6**を横長に置いてカードルをはずし、端をバーナーで温めた包丁で薄く切り落としてから7.5cm幅に6本切り分ける。

8 **7**を横長に置き、端を薄く切り落としてから、4cm幅に8個カットする。

組立て・仕上げ
(48×33×高さ5cmのカードルを使用)

- ・グラニュー糖……適量

1 ダックワーズ・カフェ3枚をカードルの大きさに合わせて4辺の端を波刃包丁で切り落とす。生地の端は固いので波刃包丁を使う。

2 プラックにオーブンシートを敷き、ダックワーズ・カフェ1枚を、焼き面を下にして置き、48×33×高さ5cmのカードルをはめる。

3 クレーム・オ・ブール・ノワの半量 (600g) をのせ、L字パレットナイフで均一な厚さに広げて平らにならす。

9 バーナーで軽く上面をあぶって乾かしてからグラニュー糖をふり、バーナーであぶってキャラメリゼする。

POINT バーナーで上面を軽くあぶって上面の湿りけを除くことで、キャラメリゼがきれいに仕上がる。

白ワインのドライな風味 を
表現した
「シャルロット・ヴァン・ブラン」

辛口白ワインならではの酸やアルコール感を菓子に生かす

白ワインと卵黄を泡立ててつくるサバイヨンソースから発想を広げて完成したプチガトーです。ワインは酸やアルコールを強く感じるスタンダードタイプの辛口を選択。フルーティーなワインを菓子に取り入れる場合は、ワインそのものの個性を生かす方向で考えますが、ここでは「ドライな風味をどう効果的に表現するか」がテーマ。卵黄や乳の旨みと、グレープフルーツのフレッシュ感と組み合わせてムースに仕立て、実現しました。

フルーティー＆華やかな味わいをグレープフルーツで補完

フルーティーさは、白ワインの香りと親和性が高いグレープフルーツで補完。牛乳の代わりに白ワインとグレープフルーツ果汁でつくるクレーム・アングレーズをベースにしたムースをつくりました。白ワインのドライな風味が卵黄と合わさることでまろやかになり、グレープフルーツの甘ずっぱくフレッシュな味わいが華やぎをもたらします。

コンフィチュールでまろやかさのなかにアクセントを

クレーム・フエッテとイタリアンメレンゲを加え、乳の旨みと軽やかな口あたりを表現したムース・ヴァン・ブラン。これを軽くふんわりとした食感のビスキュイ・キュイエールで包むという構成に、グレープフルーツのコンフィチュールを組み入れています。火入れをして凝縮感の増したグレープフルーツのほろ苦さとみずみずしさが、キレを与えます。

ビスキュイ・キュイエール

（60×40cmの天板1.6枚分／36個分）

- ・卵白……270g
- ・グラニュー糖……270g
- ・卵黄……180g
- ・薄力粉*……240g
- ・粉糖……適量

＊ふるう

1 ミキサーボウルに卵白とグラニュー糖の3分の1量を入れ、ホイッパーを装着して中速で泡立てる。

2 ボリュームが出て白っぽくふんわりとし、ホイッパーの跡が残るようになったら残りのグラニュー糖を2回に分けて加える。

3 高速に切り替え、つやが出て角がピンと立つ一歩手前まで泡立てる。ホイッパーですくうと先端がおじぎをする状態が目安。

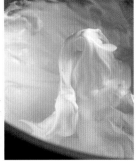

POINT 角がピンと立つまで固く泡立てると、このあと卵黄と合わせる際に混ぜにくくなり、混ぜる回数が増えて気泡がつぶれてしまう。

4 3のメレンゲの4分の1量を、卵黄を入れたボウルに加え、泡立て器で混ぜる。

5 なめらかな液状になったら、メレンゲのボウルに戻す。

6 ふるった薄力粉を加えながら、カードで底からすくい上げるようにしてさっくりと切り混ぜる。粉けがなくなり、つやが出るまで混ぜる。

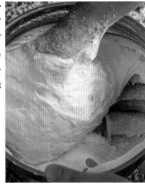

7 オーブンシートを敷いた60×40cmの天板2枚を用意し、それぞれ縦長に置く。口径9mmの丸口金を付けた絞り袋に6を入れ、1枚目の天板の中央に、横に1本棒状に絞る。その下に、同様に棒状に絞ることをくり返す。焼くと広がることを考えて少し間隔をあける。天板の手前の縁まで絞ったら、天板を反転させ、中央から同様に絞る。2枚目の天板は、中央より6cmほど奥から絞りはじめ、手前の縁まで絞ったら完了。0.6枚分の生地となる。

POINT 生地は天板1.6枚分になる。天板1枚分のほうから先に絞ること。先に絞った生地のほうが状態がよいため、表面を覆う生地にする。あとに絞る天板半分の生地は中生地と底生地にする。

8 粉糖を茶漉しで全体に薄くふる。溶けたら再度粉糖をふり、ダンパーを開いた200℃のデッキオーブンで12分焼成。オーブンから取り出し、室温に置いて冷ます。

コンフィチュール・パンプルムース（36個分）

- ・グレープフルーツ（ホワイト）……2個
- ・グレープフルーツ（ルビー）……2個
- ・グラニュー糖*……160g
- ・LMペクチン*……10g

＊よく混ぜ合わせる

1 グレープフルーツは皮と薄皮を除いて身を取り出す。

2 残った薄皮を絞って果汁を取り出す。約650gになる。このうち110gをムース・ヴァン・ブラン用、50gをシロップ用に取り分け、残り約490gを使用する。

3 1と2を鍋に入れ、合わせたグラニュー糖とペクチンを加え、泡立て器で果肉をつぶしながら弱火にかける。

POINT 最初は弱火でじわじわと火を入れ、果肉から水分をしっかり出す。最初から強火にすると水分が充分に出る前に焦げるので注意。

4 充分に水分が出きったら中火にし、ゴムベラでときどき混ぜながら15〜20分加熱する。水分が煮詰まりとろんとした状態になったら火からおろしてボウルに移す。ボウルの底を氷水にあてて混ぜながら冷やし、粗熱がとれたらラップをかけて表面に密着させ、冷蔵庫で冷やす。

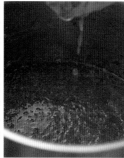

シロップ (36個分)

- シロップ (ボーメ30度) ……50g
- 白ワイン (辛口) ……50g
- グレープフルーツ果汁……50g

1 材料をすべて混ぜ合わせる。

組立て1 (36.5×7×高さ6cmのトヨ型3台使用)

1 焼成したビスキュイ・キュイエールを、焼き面を上にして作業台に置く。天板1枚分の生地は横長に置いて4辺の端を波刃包丁で切り落とし、36.5×16.5cm、3枚に切り分ける (表面を覆う生地)。天板0.6枚分の生地も4辺の端を切り落とし、36.5×4cm (中生地)、36.5×7cm (底生地) を各3枚ずつ切り取る。

2 1を、焼き面を下にして置き、表面を覆う生地、中生地、底生地を1組1台分とし、シロップを1台につき50gずつ刷毛で打つ。

3 コンフィチュール・パンプルムースを口径15.5mmの丸口金を付けた絞り袋に入れ、中生地のシロップを打った面に2本ずつ絞る。冷凍庫に1時間置いて冷やし固める。

POINT コンフィチュールをカチカチに凍らせたほうが、組立ての作業がしやすい。

4 36.5×7×高さ6cmのトヨ型3台に36.5×26cmに切ったペーパーをそれぞれ敷き、はみ出た部分は外側へ折る。

5 表面を覆う生地を、焼き面を下にして4に敷き込む。

ムース・ヴァン・ブラン (36個分)

- イタリアンメレンゲ
  - グラニュー糖……160g
  - 水……50g
  - 卵白……80g
- 卵黄……220g
- グラニュー糖……140g
- 白ワイン (辛口) ……385g
- グレープフルーツ果汁……110g
- 板ゼラチン*1……19g
- 生クリーム (乳脂肪分47%)*2……470g

*1 冷水でもどし、水けをきる
*2 冷蔵庫でよく冷やす

1 イタリアンメレンゲをつくる。鍋にグラニュー糖と水を入れて強火にかけ、118〜120℃になるまで煮詰める。

2 1が沸騰しはじめたらミキサーボウルに卵白を入れ、中高速で泡立てはじめる。ボリュームが出て白っぽくなり、ふんわりしてきたら低速にし、1をミキサーボウルの内側側面に沿わせるようにして少しずつそそぐ。

3 中高速に切り替え、さらに泡立てる。つやが出て、ホイッパーですくうと角がピンと立ち、人肌程度の温度に冷めるまで撹拌する。メレンゲをボウルに移し、カードである程度平らに広げて、冷蔵庫で15℃になるまで冷やす。

4 ボウルに卵黄とグラニュー糖を入れ、泡立て器です
り混ぜる。

5 鍋に白ワインとグレープフルーツ果汁を入れて強火にかける。沸騰直前に火を止め、4をとびちらないようにゆっくりと流し入れる。

6 ゴムベラで絶えず鍋底を掻くようにして混ぜながら、中火で82〜83℃になるまで煮詰めてとろみをつける。底が焦げないように注意すること。

7 火からおろし、水けをしっかりきった板ゼラチンを加え、混ぜ溶かす。シノワで漉しながらボウルに移し、ボウルの底を氷水にあてながら、ときどき混ぜてとろみがつくまで冷やす。

POINT 目安は15℃。とろんとした状態になるまでとろみをつけること。液状だと、このあと生クリームと合わせる際にきれいに混ざらず分離したような状態になり、口溶けが悪くなる。

8 7を冷やしている間に、生クリームをミキサーで泡立てる。ボリュームが出はじめ、ホイッパーですくって下に垂らすと跡が残るくらいの7分立てが目安。使用直前まで冷蔵庫で冷やす。

9 7が適温になったら氷水からはずす。

10 冷やしておいた生クリームを冷蔵庫から出し、泡立て器で泡立てて9分立てのクレーム・フエッテにする。これを9に加え、泡立て器で底からすくい上げるようにしながら混ぜる。

11 イタリアンメレンゲを冷蔵庫から出し、ゴムベラで全体を混ぜて温度にムラがないようにする。これを10に一度に加え、泡立て器で底からすくい上げるようにしながら混ぜる。

組立て2

1 組立て1-5に、型の高さの半分までムース・ヴァン・ブランを流し、カードで表面を平らにならす。

2 コンフィチュール・パンプルムースを絞った中生地を冷凍庫から出し、コンフィチュールを絞った面を下にして1にのせ、軽く押さえる。

3 型の縁まで残りのムース・ヴァン・ブランを流し、パレットナイフで平らにならす。

4 底生地を、シロップを打った面を下にしてのせる。両側のペーパーを中央で合わせてセロハンテープで止め、冷凍庫で冷やし固める。ペーパーで覆うのは、生地が冷凍焼けするのを防ぐため。

仕上げ

1 型から出し、バーナーで温めた包丁で3cm幅に12個カットする。

サワーチェリーの酸味 を 生かした 「タルト・スリーズ」

さっと火を通してコンポートに。チェリーのみずみずしさを生かす

冷凍で仕入れている長野県小布施町産のサワーチェリーは、酸味が強く生食には不向き
ですが、加工には最適。その強い酸味に砂糖を加え、火を入れることで濃厚な味わいを引
き出し、タルトに仕立てました。チェリーはさっと火を通す程度のコンポートにし、噛むとジ
ュワッと広がる果汁でチェリーの旨みとみずみずしさを感じられるように。表面にはコンポ
ートのシロップに赤ワインを配合したジュレを塗り、深みと奥行をもたせています。

パート・シュクレ*

* 生地の材料とつくり方はP.050「バルケット・ムラング」参照。でき上がり200gで11個分

クレーム・ダマンド*

* 材料とつくり方はP.050「バルケット・ムラング」参照

組立て1 （長径11×短径4.5×高さ1.5cmのバルケット型を使用）

1 パート・シュクレを、打ち粉（分量外）をしながらシーターで厚さ2mmにのばす。長径13×短径6.5cmの木の葉型で抜き、長径11×短径4.5×高さ1.5cmのバルケット型に敷き込む。型からはみ出た余分な生地をパレットナイフかカードで切り落とす。切り口が、型の外側に向かって斜め下になるように切る。

2 クレーム・ダマンドを口径15mmの丸口金を付けた絞り袋に入れ、1に15gずつ絞り入れる。

3 天板に並べ、180℃のコンベクションオーブンで40分焼成する。粗熱がとれたら型をはずし、冷ます。

コンポート・スリーズ （7個分）

・ サワーチェリー（冷凍・長野県小布施町産）……500g
・ グラニュー糖……300g

1 サワーチェリーは解凍し、種取り器で種を取る。果肉はボウルに入れる。

2 解凍したときに出た果汁とグラニュー糖を鍋に入れ、中火にかける。沸騰したら火からおろし、果肉を入れたボウルにそそぐ。冷めたらラップをかけて表面に密着させ、冷蔵庫に1晩置く。

クレーム・ディプロマット （25個分）

・ クレーム・パティシエール*1……200g
・ クレーム・シャンティイ*2……60g
*1 材料とつくり方はP.025「タルト・サントロペ」参照
*2 乳脂肪分47％の生クリームに10％加糖し、9分立てに泡立てたもの

1 ボウルにクレーム・パティシエールを入れ、ゴムベラで混ぜてつやのある状態にもどす。

2 クレーム・シャンティイを1に加え、ゴムベラで混ぜ合わせる。

ジュレ・スリーズ （25個分）

・ 赤ワイン（タンニンのしっかりしたもの）……120g
・ コンポート・スリーズのシロップ ……350g
・ 水……120g
・ レモン果汁……8g
・ グラニュー糖*……15g
・ LMペクチン*……15g
・ キルシュ……8g
* よく混ぜ合わせる

1 鍋に赤ワイン、コンポート・スリーズのシロップ、水、レモン果汁を入れ、中火にかける。沸騰したら合わせたグラニュー糖とペクチンを加え、ダマにならないように絶えず泡立て器で混ぜる。再沸騰したら火を止め、ボウルに移す。粗熱がとれたらキルシュを加える。

組立て2・仕上げ

・ 粉糖……適量

1 クレーム・ディプロマットを口径12mmの丸口金を付けた絞り袋に入れ、組立て1-3の上に10g絞る。

2 コンポート・スリーズを中央が山形になるように12個ずつのせる。

3 ジュレ・スリーズを刷毛で20gずつ塗る。ジュレが固まったら粉糖を茶漉しでふる。

自家製オレンジコンフィの えぐみ を生かす 「オランジュ・キャラメル」

オレンジコンフィのほろ苦さにキャラメルのほろ苦さを重ねる

オレンジの皮をシロップに漬け込み、糖度を徐々に上げてつくる自家製オレンジコンフィは、ほろ苦さとえぐみを包み込む豊かな香りが特徴です。このおいしさを存分に味わえる菓子をつくりたいと考え、ビスキュイ・ダマンドにたっぷり配合した生地を主役に構成しました。表面にはマカデミアナッツをのせて焼成。カリッとした食感とまろやかなナッツ香が、コンフィのねっちりとした歯ざわりと味わいを際立たせます。サンドしたクレーム・オ・ブールはキャラメル味にし、砂糖の焦げた風味をコンフィのほろ苦さに同調させました。

ビスキュイ・ダマンド・オランジュ （60×40cmの天板3枚分／60個分）

- 全卵……960g
- アーモンドパウダー*1……660g
- 粉糖*1……750g
- 薄力粉*2……300g
- ベーキングパウダー*2……13.2g
- 自家製オレンジコンフィ*3……705g
- オレンジの表皮（すりおろす）……6個分
- バター*4……396g
- マカデミアナッツ*5……300g

＊1　合わせてふるう
＊2　合わせてふるう
＊3　材料とつくり方はP.077「リ・オ・レ・ア・ラ・カタルーニャ」参照。細かく刻む
＊4　溶かして50℃に調整する
＊5　180℃のオーブンで15〜20分ローストし、4分の1程度の大きさにカットする

1 ミキサーボウルに全卵を入れ、ふるったアーモンドパウダーと粉糖を加え、ホイッパーを装着して中速で泡立てる。空気を含んで全体が白っぽくなり、ボリュームが出たらミキサーからはずす。ふるった薄力粉とベーキングパウダーを加え、カードを使って粉けがなくなるまで切り混ぜる。

2 刻んだオレンジコンフィとオレンジの表皮を加え、ダマにならないように混ぜ合わせる。溶かしたバターを加え、つやが出るまで混ぜる。

3 シルパットを敷いた天板3枚に2を均等にのせ、L字パレットナイフで表面を平らにならす。3枚のうち2枚の表面にカットしたマカデミアナッツを全体にちらす。それぞれの天板の下にもう1枚天板を重ね、220℃のデッキオーブンで18〜20分焼成する。オーブンから取り出し、室温に置いて冷ます。

クレーム・オ・ブール・キャラメル （60個分）

- キャラメル
  - 生クリーム（乳脂肪分38%）……100g
  - グラニュー糖……100g
- クレーム・オ・ブール*……1000g

＊　材料とつくり方はP.016「ガトー・ダマンド」参照

1 キャラメルをつくる。鍋に生クリームを入れて中火にかけ、沸騰させる。別の鍋にグラニュー糖を入れて中〜強火にかける。全体に茶色くなり、煙が出はじめる180℃になったら火を止める。沸騰させた生クリームを少しずつそそいで泡立て器で混ぜ、冷ます。

2 クレーム・オ・ブールは室温にもどす。ミキサーボウルに入れ、ビーターを装着して低速で撹拌する。なめらかになったら、キャラメルを少しずつ加えながら撹拌する。

シロップ （60個分）

- オレンジ果汁……100g
- シロップ（ボーメ30度）……100g
- ラム酒……100g

1 材料をすべて混ぜ合わせる。

組立て

1 マカデミアナッツをちらして焼成したビスキュイ・ダマンド・オランジュの1枚を、焼き面を上にして板の上に置く。シロップの3分の1量を刷毛で打つ。

2 クレーム・オ・ブール・キャラメルの半量をのせ、L字パレットナイフで均一な厚さに広げて平らにならす。

3 マカデミアナッツをちらして焼成したビスキュイ・ダマンド・オランジュの残りの1枚を、焼き面を上にしてのせ、残りのシロップの半量を打つ。残りのクレーム・オ・ブール・キャラメルを同様にして重ね、なにものせていないビスキュイ・ダマンド・オランジュを、焼き面を上にしてのせ、残りのシロップを打つ。冷蔵庫で冷やし固める。

仕上げ （60個分）

- パータ・ボンブ
  - グラニュー糖……65g
  - 水……21g
  - 卵黄……70g
- グラニュー糖……適量

1 パータ・ボンブをつくる。鍋にグラニュー糖と水を入れて強火にかけ、115℃まで煮詰める。

2 ボウルに卵黄を入れて溶きほぐし、1を少しずつそそぎながら、泡立て器で混ぜる。シノワで漉しながらミキサーボウルに入れる。

3 ホイッパーを装着し、中速で撹拌する。白っぽく、とろとろと流れる状態になり、かつ冷めるまで撹拌する。温度の目安は26℃。

4 組立て-3を板の上に横長に置き、バーナーで温めた包丁で両端を薄く切り落としてから、9cm幅に6本切り分ける。

5 1本につきパータ・ボンブ25gを上面にのせ、L字パレットナイフで薄く均一な厚さに塗り広げる。

6 5を横長に置き、両端を薄く切り落としてから、3.5cm幅に10個カットする。

7 バーナーで上面を軽くあぶって少しだけ焦がす。グラニュー糖をふり、バーナーであぶってキャラメリゼする。

東京・碑文谷の閑静な住宅街の一角に2011年11月に開業し、17年にリニューアル。ダークブラウンを基調とし、ノスタルジックな印象のタイルや、アンティークの家具を配した落ち着いた店内だ。右奥のショーケースには自家製チョコレートが並ぶ。

宇治田シェフとスタッフのみなさん。
厨房と売り場の連携を密にし、製造スタッフも当番を決めて接客を行う。

宇治田 潤

1979年東京都生まれ。武蔵野調理師専門学校卒業後、東京・銀座「ピエスモンテ」、母校の助手を経て、神奈川・葉山「サンルイ島」に3年半勤めフランス菓子の技術を学ぶ。渡仏準備のため埼玉の実家に戻り、「ロイヤルパインズホテル浦和」に勤務。2004年に渡仏し、パリ「パティスリー・サダハル・アオキ・パリ」で2年間研鑽を積む。帰国後、2006年より神奈川・鎌倉「パティスリー雪乃下」でシェフを勤め、11年11月、東京・碑文谷に「パティスリー ジュンウジタ」を独立開業。

パティスリー ジュンウジタ
東京都目黒区碑文谷4-6-6
電話:03-5724-3588
営業時間:10:30〜18:00(土・日・祝日は17:00閉店)
定休日:月・火曜(祝日の場合は営業)
http://www.junujita.com/

パティスリー ジュンウジタの菓子
「考えないで、おいしい」ってこういうこと

初版印刷 2022年7月1日
初版発行 2022年7月15日

著者©宇治田 潤
発行者:丸山兼一
発行所:株式会社柴田書店
〒113-8477 東京都文京区湯島3-26-9 イヤサカビル
電話:03-5816-8282(営業部) 03-5816-8260(編集部)
※雑誌、書籍のご注文・お問合せは営業部まで
https://www.shibatashoten.co.jp
印刷・製本:公和印刷株式会社

ISBN 978-4-388-06350-5
Printed in Japan ©Jun Ujita 2022